Klanjaj se u duhu i istini

Duhovno klanjanje

Dr. Jaerock Lee

*Ali dolazi čas, i već je tu,
kad će se pravi klanjaoci klanjati
Ocu u duhu i u istini;
jer takve klanjaoce traži Otac.
Bog je duh, i koji mu se klanjaju,
moraju mu se klanjati u duhu i u istini
(Po Ivanu 4:23-24)*

Klanjaj se u duhu i istini Dr. Jaerock Lee
Nakladnik: Urim Books (Predstavnik: Johnny. H. Kim)
235-3, Guro-dong 3, Guro-gu, Seoul, Korea
www.urimbooks.com

Sva prava pridržana. Ni ova knjiga, niti njezini dijelovi ne smiju se reproducirati niti u bilo kojem obliku, pohranjivati na računalni sustav elektroničkim, mehaničkim putom, fotokopiranjem, bez prethodnog pisanog odobrenja izdavača.

Osim ako nije drukčije naznačeno, svi citati iz Svetog pisma preuzeti su iz Biblije Kršćanske sadašnjosti, Zagreb, 2008. °, autorska prava © prvo izdanje u vlastitoj nakladi izdavača Kršćanska sadašnjost, Zagreb, 2008. Odobreno korištenje. Korišteno s dopuštenjem.

Copyright © 2012. Dr. Jaerock Lee
ISBN: 979-11-263-1279-5 03230
Autorska prava na prijevod © 2012. Dr. Esther K. Chung. Korišteno s dopuštenjem.

Prvi put objavljeno u studenom 2012.

Prethodno na korejskom objavio 1992. Urim Books u Seulu, Koreja.

Urednica: Dr. Geumsun Vin
Dizajn: Urim Books
Preveo: Zoran Ivančić
Za više informacija obratite nam se na: urimbook@hotmail.com

Uvod

Drvo akacije je uobičajeno u divljinama Izraela. Ta stabla imaju korijenje duboko stotine stopa ispod površine i traže podzemnu vodu da bi se održavali na životu. Na prvi pogled, akacija je dobra samo za ogrjev, ali njihovo drvo je stabilnije i izdržljivost je veća od drugih drva.

Bog je zapovjedio da se Kovčeg Svjedočanstva (Kovčeg Zavjeta) napravi od drveta akacije, prekrije zlatom i postavi u Presveto. Presveto je sveto mjesto u kojem Bog boravi i mjesto na koje samo visoki svećenici mogu ući. Na isti način, osoba koja je pustila korijenje u Božjoj Riječi koja je život neće biti korištena samo vrijedni instrument pred Bogom nego će također uživati obilne blagoslove u svojem životu.

Zato nam Jeremija 17:8 govori, "On je kao drvo usađeno kraj vode, koje k potoku pruža korijenje svoje. Ono se ne treba ništa bojati, kada dođe žega. Lišće njegovo ostaje zeleno; u sušnoj godini nema nikakve potrebe. Ne prestaje donositi plod." Ovdje se, "voda" duhovno odnosi na Božju Riječ i osoba koja prima takve blagoslove će čvrsto držati službu slavlja koju je Božja Riječ proglasila.

Služba je ceremonija na kojoj je prikazano poštovanje i obožavanje pred božanstvom. U zaključku, kršćanska služba je ceremonija tijekom koje mi dajemo hvalu i uzdižemo Boga sa našim poštovanjem, hvalom i slavom. I u vrijeme Starog zavjeta i danas, Bog traži i nastavlja tražiti one koji Ga slave u duhu i istini.

Zapisani su u Levitskom zakoniku u Starom zavjetu sitni detalji službe. Neki ljudi kažu da zbog toga što je Levitski zakonik o zakonima prinosa Bogu na način Starog zavjeta, Knjiga nam je nevažna danas. To ne može biti netočnije zbog važnosti zakona Starog zavjeta u vezi službi koje su povezane sa načinima današnjih službi. Kao što je bio slučaj u vremenu Starog zavjeta, služba u vrijeme Novog zavjeta je put do susreta sa Bogom. Samo kada mi slijedimo duhovnu važnost Starozavjetnih zakona o žrtvama, koja je nevina, mi također možemo slaviti Boga u vrijeme Novog zavjeta u duhu i istini.

Ovaj rad ulazi u lekcije i značajnost različitih prinosa koju osobe daju, istražuje žrtve paljenice, žrtve prinosa, prinose mira, prinose grijeha i prinose krivnje i kako se one odnose na nas koji živimo u vrijeme Novog zavjeta. To će pomoći objasniti u detalje kako bi mi trebali služiti Bogu. Da bi ubrzali čitateljevo razumijevanje zakona prinosa, ovaj rad nosi sliku u boji panoramskog pogleda tabernakula, interijera Svetišta i Presvetog, te razne instrumente koji su povezani sa službom.

    Bog nam govori, "Budite dakle sveti, jer sam ja svet" (Levitski zakonik 11:45; 1. Petrova poslanica 1:16) i želi da svatko od nas potpuno shvati zakone prinosa koji su zapisani u Levitskom zakoniku i vodi svet život. Ja se nadam da ćeš ti shvatiti svaki dio o prinosima u vrijeme Starog zavjeta i službe u vrijeme Novog zavjeta. Ja se također nadam da ćeš ti preispitati način na koji ti slaviš i početi slaviti Boga na Njemu ugodan način.

    Ja se molim u ime našeg Gospoda Isusa Krista da baš kao što je Solomon udovoljio Bogu sa svojih tisuću žrtava paljenica, neka svaki čitatelj ovog rada bude korišten kao vrijedan uređaj pred Bogom i kao drvo zasađeno u vodi, neka uživa prelijevajuće blagoslove šireći Božju aromu ljubavi i iz zahvalnosti slaveći Ga u duhu i istini!

Veljača 2010.
Dr. Jaerock Lee

Sadržaj

Klanjaj se u duhu i istini

Uvod

Poglavlje 1
Duhovna služba koju Bog prihvaća   1

Poglavlje 2
Prinosi u Starom zavjetu kao što je zapisano u Levitskom zakoniku   17

Poglavlje 3
Žrtva paljenica   43

Poglavlje 4
Žrtva žita   67

Poglavlje 5
Prinos mira   83

Poglavlje 6
Prinos grijeha   95

Poglavlje 7
Prinos krivnje   111

Poglavlje 8
Prikaži svoje tijelo za živu i svetu žrtvu   123

Poglavlje 1

Duhovno klanjanje koje Bog prihvaća

"Bog je duh, i koji mu se klanjaju, moraju mu se klanjati u duhu i u istini"

Po Ivanu 4:24

1. Prinosi u vrijeme Starog zavjeta i službe u vrijeme Novog zavjeta

Izvorno je Adam, prvi čovjek koji je stvoren, bio stvorenje koje je moglo imati direktnu i intimnu vezu sa Bogom. Nakon što ga je Sotona potaknuo i nakon što je počinio grijeh, Adamova intimna veza sa Bogom je prekinuta. Za Adama i njegove potomke, Bog je pripremio način oprosta i spasenja, te je otvorio put sa kojim oni mogu obnoviti komunikaciju sa Bogom. Taj put je pronađen u metodama prinosa u vrijeme Starog zavjeta, koji je Bog milostivo pripremio.

Prinose u vrijeme Starog zavjeta nisu ljudi smislili. Njih je uputio i objavio Sam Bog. Mi to znamo iz Levitskog zakona 1:1 i nadalje, "Gospod pozva Mojsija i zapovjedi mu iz Šatora sastanka." Mi to također možemo zaključiti iz prinosa koji su davali Bogu Abel i Kain, sinovi Adamovi (Postanak 4:2-4).

Ti prinosi, prema posvećenosti svakog, slijede određena pravila. Oni su podijeljeni u žrtve paljenice, žrtve prinose, prinose mira, prinose grijeha i prinose krivnje i ovisno o ozbiljnosti grijeha i okolnostima ljudi mogu prinositi bikove, janjad, koze, golubice i brašno. Svećenici koji su služili nad tim prinosima su vršili samokontrolu u životu, pazili su na svoje ponašanje, oblačili su se u odjeću koja ih je isticala i davali su prinose koji su pripremani sa najvećom brigom prema uspostavljenim pravilima. Takvi prinosi su bile izvanjske formalnosti koje su bile komplicirane i stroge.

Tijekom vremena Starog zavjeta, nakon što je osoba zgriješila ona je mogla biti iskupljena samo čineći prinos grijeha sa ubijanjem životinje i kroz njenu krv grijeh bi bio iskupljen. Međutim, ista krv životinja koja se prinosi godinu za godinom nije mogla potpuno iskupiti ljude od njihovih grijeha; te žrtve su bile trenutno iskupljenje i prema tome nisu savršene. To je zbog toga što je potpuno iskupljenje čovjeka od grijeha moguće samo sa životom osobe.

1. poslanica Korinćanima 15:21 nam govori, "Jer kako po čovjeku smrt, tako dođe i uskrsnuće mrtvih po čovjeku." Iz tog razloga, Isus Sin Boga je došao na ovaj svijet u tijelu, iako je bio bezgrešan, prolio je Svoju krv na križu i umro na njemu. Kako je Isus postao žrtva jednom (Poslanica Hebrejima 9:28), više nema potrebe za prolijevanjem krvi koja zahtjeva kompleksna i čvrsta pravila.

Kao što je zapisano u Poslanici Hebrejima 9:11-12, "Ali Krist se je pojavio kao veliki svećenik budućih dobara i ušao u veći i savršeniji šator, koji nije rukom načinjen, to jest, nije od ovoga svijeta; Niti je s krvlju jaraca, ni junaca, nego sa svojom krvlju ušao jednoć zauvijek u Svetinju nad svetinjama i stekao vječni otkup," Isus je ostvario vječno iskupljenje.

Sa Isusom Kristom, mi više ne prinosimo Bogu krvne prinose nego mi sada možemo doći pred Njega i prinijeti Mu živu i svetu žrtvu. To je služba u vrijeme Novog zavjeta. Kako je Isus prinio jednu žrtvu za grijehe za svo vrijeme tako da je pribijen na križ i prolio Svoju krv (Poslanica Hebrejima 10:11-12), kada mi vjerujemo iz našeg srca da smo mi iskupljeni od naših grijeha i prihvatimo Isusa Krista, mi možemo primiti oprost od naših grijeha. To nije ceremonija koja naglašava djela, nego demonstracija vjere koja izvire iz našeg srca. To je živa i sveta žrtva i duhovna služba (Poslanica Rimljanima 12:1).

To ne znači da su žrtve Starozavjetnog vremena ukinute. Ako je Stari zavjet sjena, onda je Novi zavjet sam oblik. Kao što je sa Zakonom, zakone o prinosima u Starom zavjetu Isus je usavršio u Novom zavjetu. U Novom zavjetu formalnosti su se promijenile u službi. Baš kao što je Bog tražio nevinu i čistu žrtvu u vrijeme Starog zavjeta, On će biti zadovoljan našom službom koja je prinijeta u duhu i istini u vrijeme Novog zavjeta. Stroge formalnosti i procedure nisu naglašavale samo izvanjsku ceremoniju nego i važnosti većih dubina. One služe kao indikator sa kojim mi možemo preispitati naš stav prema službi.

Prvo, nakon nadoknađivanja ili prihvaćanja odgovornosti kroz djela zbog mana pred susjedima, braćom ili Bogom (prinosi krivnje), vjernik mora pogledati u svoj život tijekom prošlog tjedna, ispovjediti svoje grijehe i tražiti oprost (prinos grijeha), onda slaviti sa čistim srcem i iskrenosti (žrtva paljenica). Kada mi udovoljimo Bogu dajući prinose koji su pripremljeni sa najvećom brigom u zahvalnosti za Njegovu milost koja nas je štitila tijekom prošlog tjedna (žrtva prinosa) i govoreći Mu želje našeg srca (prinos mira), On će ispuniti želje našeg srca, dati nam snagu i moć prevladati svijet. Kao takvo, u službu u vrijeme Novog zavjeta uključene su mnoge značajnosti zakona prinosa Starog zavjeta. Zakoni o prinosima u vrijeme Starog zavjeta bili će u detalje istraženi u poglavlju 3 i nadalje.

2. Služba u duhu i istini

Po Ivanu 4:23-24 Ivan nam govori, "Ali dolazi čas, i već je tu, kad će se pravi klanjaoci klanjati Ocu u duhu i u istini; jer takve klanjaoce traži Otac. Bog je duh, i koji mu se klanjaju, moraju mu se klanjati u duhu i u istini." Ovo je dio što je Isus rekao ženi na koju je naišao na zidu Samarskog grada Sihara. Žena je pitala Isusa, koji je započeo razgovor sa njom pitajući je za vodu, o mjestu službe, temu koja je dugo bila objekt radoznalosti (Po Ivanu 4:19-20).

Dok su Židovu prinosili prinose u Jeruzalemu gdje se Hram nalazio, Samaritanci su prinosili na gori Gerizimu. To je zbog toga što kada je Izrael podijeljen na dva dijela tijekom vladavine kralja Jeroboama sina Solomona, Izrael u sjeveru je sagradio visoko mjesto da bi spriječio ljude u njihovom putu do Hrama u Jeruzalemu. Kako je žena bila svjesna toga, ona je željela znati ispravno mjesto službe.

Za ljude Izraela, mjesto službe ima posebno značenje. Kako je Bog prisutan u Hramu, oni ga ostavljaju sa strane i vjeruju da je to centar svemira. Međutim, jer je vrsta srca sa kojim osoba služi Bogu važnija nego mjesto ili lokacija službe, kako se Isus otkrio kao Mesija, On je rekao da će se shvaćanje službe također preurediti.

Što je to "služiti u duhu i istini?" "Služiti u duhu" znači činiti kruh od Božje Riječi u 66 Knjiga Biblije u inspiraciji i punoći Duha Svetog i slaviti iz dubine našeg srca zajedno sa Duhom Svetom koji boravi u nama. "Služiti u istini" znači, zajedno sa ispravnim razumijevanjem Boga, slaviti Ga sa svim našim tijelom, srcem, voljom i iskrenosti dajući Mu, u slavi, zahvalnosti, molitvi, hvali, djelima i prinosima.

Hoće li ili ne Bog prihvatiti našu službu ne ovisi o našem vanjskom izgledu ili veličini prinosa, nego o stupnju brige sa kojom Mu mi dajemo iz naših osobnih okolnosti. Bog će s radosti prihvatiti i odgovoriti na želje srca onih koji Ga slave iz dubine svojih srca i dragovoljno Mu daju darove. Međutim, On ne prihvaća službu bezobraznih ljudi čija su srca promišljena i misle samo što drugi misle o njima.

3. Prinos službe koju Bog prihvaća

Mi koji živimo u vrijeme Novog zavjeta kada je sav Zakon ispunio Isus Krist, moramo slaviti Boga na još savršeniji način. To je zato što je ljubav najveća zapovijed koju nam je dao Isus Krist koji je ispunio Zakon u ljubavi. Služba je dakle izraz naše ljubavi za Boga. Neki ljudi ispovijedaju svoju ljubav za Boga sa svojim usnama, ali prema načinu na kojim Mu služe, čini se sumnjivo na trenutke vole li oni stvari Boga iz dubine svojeg srca.

Ako se susrećemo sa nekim tko nam je nadređen ili stariji od nas, mi ćemo srediti naš izgled, stav i srce. Ako ćemo mu dati dar, mi bismo pripremili bezgrešan dar sa najvećom brigom. Sad, Bog je Stvoritelj svega u svemiru i vrijedan je slave i hvale Svojih stvorenja. Da bismo slavili Boga u duhu i istini, mi ne smijemo nikad biti drski pred Njim. Mi moramo pogledati u sebe i preispitati jesmo li bili drski i biti sigurni sudjelujemo li u službama sa svim našim tijelom, srcem voljom i brigom.

1) Ne smijemo kasniti na službe

Služba je ceremonija na kojoj mi prihvaćamo duhovni autoritet nevidljivog Boga, prihvatiti ćemo Ga iz našeg srca samo kada se držimo pravila i propisa koje je On uspostavio. Prema tome, drsko je kasniti na službe bez obzira na razlog.

Pošto je vrijeme službe vrijeme koje smo dali Bogu, mi moramo doći prije vremena službe, posvetiti se molitvama i pripremiti se na službu sa našim srcem. Ako ćemo se mi susresti sa kraljem, predsjednikom ili premijerom, zasigurno ćemo doći ranije i čekati dok se naša srca pripreme. Kako, onda, mi možemo kasniti ili žuriti kada se susrećemo sa Bogom koji je neusporedivo veći i veličanstveniji?

2) Mi moramo dati nepodijeljenu pažnju na poruku

Pastir (pastor) je svećenik kojeg je Bog pomazao: on je jednak svećenicima u vremenu Starog zavjeta. Pastor koji je uspostavljen promicati Riječ sa svetog oltara je vodič koji vodi stada ovaca do

Neba. Prema tome, Bog smatra djelo drskosti ili neposluha prema pastiru kao djelo drskosti ili neposluha prema Samom Bogu.

U Izlasku 16:9 mi pronalazimo da kada su ljudi Izraela prigovarali i protivili se Mojsiju, oni su se zapravo protivili Samom Bogu. U 1. Samuelovoj 8:4-9 kada ljudi nisu slušali proroka Samuela, Bog je to smatrao kao djelo neposluha protiv Njega. Prema tome, ako pričaš sa osobom koja sjedi do tebe ili ako je tvoj um ispunjen mislima kada pastir proglašava poruku Boga, ti si drzak pred Bogom.

Drijemati ili spavati tijekom službe je također djelo drskosti. Možeš li zamisliti kako je drsko ako tajnica ili ministar zaspe tijekom sastanka kojeg predvodi predsjednik? Na isti način, drijemati ili spavati u svetištu koje je tijelo Našeg Gospoda je djelo drskosti pred Bogom, pastirom i braćom i sestrama u vjeri.

Neprihvatljivo je slaviti slomljenim duhom. Bog neće prihvatiti službu koja Mu je prenesena bez zahvalnosti i radosti nego usred žalosti. Prema tome, mi moramo sudjelovati u službi sa iščekivanjem poruke koja izlazi iz nade za Nebo i sa srcem zahvalnosti za milost spasenja i ljubavi. Drsko je drmati ili pričati sa osobom koja se moli Bogu. Baš kao što ne smiješ prekinuti razgovor između tvog kolege i tvog nadređenog, važno je odbaciti razgovore osoba sa Bogom.

3) Alkohol i duhan se ne bi trebali koristiti prije dolaska na službu

Bog neće smatrati grijehom nemogućnosti ostavljanja pića i pušenja novih vjernika zbog slabe vjere. Međutim, ako osoba koja je krštena nosi poziciju u crkvi i nastavlja piti i pušiti, to je djelo drskosti pred Bogom.

Čak i nevjernici misle da nije ispravno i pogrešno je ići u crkvu pijan ili odmah nakon pušenja. Kada osoba razmotri mnoge probleme i grijehe koji proizlaze iz pića i pušenja, ona će moći razabrati istinu kako se ponašati kao dijete Boga.

Pušenje uzrokuje razne oblike raka i prema tome štetno je za tijelo, dok piće, koje može voditi u pijanstvo, može biti izvor drskog ponašanja i govora. Kako može vjernik koji puši ili pije služiti kao primjer djeteta Boga i čije ponašanje Ga čak može posramiti? Prema tome, ako ti imaš pravu vjeru, moraš brzo odbaciti takve prijašnje putove. Čak i ako si početnik u vjeru, čineći svaki napor odbaciti prijašnje putove života je ispravno pred Bogom.

4) Ne smijemo sramotiti ili uprljati okoliš službe

Svetište je sveto mjesto koje je ostavljeno za službu, molitvu i hvalu Boga. Ako roditelji dopuste da njihova djeca plaču, buče ili trče, djeca će spriječiti ostale članove crkve u njihovoj službu svim svojim srcima. To je djelo drskosti pred Bogom.

Također je nepristojno postati uzrujan, ljutit ili pričati o poslu ili vanjskoj zabavi u svetištu. Žvakati žvakaću gumu, glasno pričati sa ljudima do tebe, ili ustajati i izaći iz svetišta usred službe je također pokazivanje manjka poštovanja. Nositi kape, majice, trenerke ili papuče na službu je udaljavanje od ispravnog ponašanja. Vanjski izgled nije bitan, ali osobin unutarnji stav i srce se često reflektira u vanjskom izgledu. Briga sa kojom se osoba priprema za službu je prikazana u odjeći i vanjskom izgledu.

Imati ispravno razumijevanje Boga i što On želi dopušta nam dati Mu duhovnu službu slave koju će Bog prihvatiti. Kada mi slavimo Boga na način koji Mu je ugodan- kada Ga mi slavimo u duhu i istini- On će nam dati moć razumijevanja tako da mi možemo urezati to razumijevanje u dubini našeg srca, roditi obilne plodove i uživati veličanstvenu milost i blagoslov sa kojim nas On obasipa.

4. Život označen službom u duhu i istini

Kada mi slavimo Boga u duhu i istini, naši životi su obnovljeni. Bog želi da život svake osobe bude život označen sa službom u duhu i istini. Kako bismo se trebali ponašati da bismo ponudili Bogu duhovnu službu koju će On s radosti prihvatiti?

1) Mi se uvijek moramo radovati.

Prava radost ne izlazi samo iz razloga za radost nego čak i kad smo suočeni sa bolnim i teškim stvarima. Isus Krist, kojeg smo prihvatili kao našeg Spasitelja, Sam je razlog da se uvijek radujemo jer je On preuzeo vodstvo nad svim našim kletvama. Kada smo bili na putu uništenja, On nas je iskupio od grijeha prolijevajući Svoju krv. On je uzeo naše siromaštvo i bolesti u Sebe i On je popustio okove opakosti suza, boli, tuge i smrti. Nadalje, On je uništio autoritet smrti i uskrsnuo je, prema tome dao nam je nadu u uskrsnuće i dopustio nam posjedovati pravi život u prekrasnom Nebu.

Ako mi imamo Isusa Krista sa vjerom kao našim izvorom radosti, onda nema ništa drugo sa čim bi se radovali. Jer ćemo mi imati prekrasno nadu u život nakon smrti i mi ćemo primiti vječnu sreću, čak i ako nemamo hrane i okovani smo sa problemima u obitelji, te čak i ako smo okruženi sa nepogodama i progonima, to je zapravo sve nevažno za nas. Sve dok naše srce ispunjeno sa ljubavi za Boga se ne mijenja i naša nada u Nebo nije prodrmana, radost nikad neće nestati. Pa kada su naša srca ispunjena sa Božjom milosti i nadom za Nebo, radost će izvirati svaki tren i tada će se poteškoće brzo okrenuti u blagoslove.

2) Moramo se moliti bez prestanka

Postoje tri značenja u "moliti se bez prestanka." Prvo, moliti se prema navici. Čak je i Isus, kroz Svoje svećeništvo, tražio mirno mjesto na kojem bi se On mogao moliti prema "Svojem običaju." Daniel se molio tri puta na dan prema regularnoj osnovi a Petar i drugi učenici su ostavili vrijeme za molitve. Mi se također moramo moliti u navici da bismo ispunili količinu molitve da bismo osigurali da ulje Duha Svetog nikad ne nestane. Samo tada mi možemo shvatiti Božju Riječ tijekom službi i primiti snagu živjeti prema Riječi.

Slijedeće, "moliti se bez prestanka" je moliti se u vrijeme koje nije fiksno prema kalendaru ili navici. Postoje vremena kada nas Duh Sveti potiče da se molimo iako izvan vremena kada se mi molimo iz navike. Mi često čujemo ispovijedi od ljudi koji su izbjegli poteškoće ili su zaštićeni i obranjeni od nesreće kada su poslušali u molitvama u to vrijeme.

Posljednje "moliti se bez prestanka" znači meditirati na Božju Riječ dan i noć. Bez obzira gdje, sa kim, ili što osoba radi, istina u njenom srcu mora biti živa i aktivno činiti svoj posao. Molitva je kao disanje za naš duh. Baš kao što tijelo umire kada disanje tijela prestane, prestanak molitve vodi do slabljenja i konačne smrti duha. Može se reći da osoba "moli bez prestanka" kada ona ne samo da zaziva u molitvi u određeno vrijeme nego također kada ona meditira na Riječ dan i noć i živi prema njoj. Kada je Riječ Boga napravila prebivalište u njenom srcu i ona vodi svoj životu u prijateljstvu sa Duhom Svetim, svaki dio njenog života će uspijevati i nju će jasno i intimno Duh Sveti voditi.

Baš kao što nam Biblija govori, "traži prvo Njegovo kraljevstvo i Njegovu pravednost," kada se mi molimo za Božje kraljevstvo- Njegovu providnosti i spasenje duša- umjesto za nas, Bog nas još obilnije blagoslivlja. Ipak, postoje ljudi koji se mole kada susreću poteškoće ili kada osjećaju da im nešto fali, ali oni prekidaju molitve kada su u miru. Postoje drugi koji se marljivo mole kada su ispunjeni sa Duhom Svetim ali kidaju svoje molitve kada izgube punoću. Usprkos tomu, mi uvijek moramo podići naša srca i podići Božju aromu molitve sa kojom je On zadovoljan. Možeš zamisliti kako je mučno i teško izvlačiti riječi protiv nečije volje i samo popuniti vrijeme u molitvi dok se također pokušavaš boriti protiv pospanosti i raznih misli. Pa, ako vjernik smatra da ima određenu količinu vjere a ipak ima toliko poteškoća i osjeća se tegobno dok priča sa Bogom, ne bi se on trebao sramiti ispovijedati svoju "ljubav" prema Bogu? Ako se ti osjećaš kao "moje molitve su duhovno dosadne i stagniraju," preispitaj se da bi vidio kako si bio radostan i zahvalan.

Posve je sigurno da kada je osobino srce uvijek ispunjeno sa radosti i zahvalnosti, molitve će biti u punoći Duha Svetog i neće biti stagnirajuće nego će prodirati u veće dubine. Osoba neće imati osjećaj nemogućnosti molitve. Umjesto toga, što teže postaje, to će ona težiti prema Božjoj milosti, koja će ju potaknuti da zaziva Boga još iskrenije i njena vjera će rasti korak po korak.

Kada mi zazivamo u molitvi iz dubine našeg srca bez prestanka, mi ćemo rađati obilne plodove molitve. Usprkos bilo kakvom iskušenju koje može doći na naš put, mi ćemo držati vrijeme za molitvu. I, do mjere u kojoj zazivamo u molitvi, duhovna dubina vjere i ljubavi će rasti i mi ćemo također dijeliti milost sa drugima. Prema tome, za nas je jako važno moliti se bez prestanka sa radosti i zahvalnosti tako da možemo primiti odgovore od Boga u obliku prekrasnog ploda u duhu i u tijelu.

3) Mi moramo dati hvalu u svemu

Koji je razlog za našu zahvalnost? Iznad svega drugog je činjenica da smo mi, kojima je bilo suđeno umrijeti, spašeni i možemo ući u Nebo. Činjenica da nam je sve danu uključujući naš dnevni kruh i dobro zdravlje, su dovoljni razlozi za davanje zahvalnosti. Nadalje, mi možemo biti zahvalni unatoč bilo kakvim nepogodama i iskušenjima jer mi vjerujemo u svemogućeg Boga. Bog zna svaki dio naših okolnosti, situacija i čuje sve naše molitve. Kada mi vjerujemo u Boga do kraja usred bilo kakvih iskušenja, On će nas voditi da izađemo još ljepši kroz ta iskušenja.

Kada smo mi pogođeni u ime Našeg Gospoda ili kada se mi susrećemo s iskušenjima zbog naših vlastitih grešaka ili mana, ako mi samo vjerujemo u Boga, onda ćemo mi shvatiti da jedino što možemo je dati hvalu. Kada nam nedostaje ili manjka mi ćemo biti još zahvalniji za moć Boga koji slabe ojačava i čini savršenima. Čak i kad stvarnost sa kojom se susrećemo postaje sve teža sa rukovati i izdržavati, mi ćemo moći dati hvalu zbog naše vjere u Boga. Kada smo mi dali hvalu sa vjerom do kraja, sve stvari će raditi zajedno za dobro na kraju i one će se pretvoriti u blagoslove.

Uvijek se raduj, moli bez prestanka i daj hvalu u svemu sve su to mjere sa kojima možemo mjeriti koliki plod smo rodili u duhu i u tijelu kroz naš život u vjeri. Što se više osoba žudi radovati unatoč situaciji, sijati sjeme radosti i davati hvalu iz dubine svojeg srca i onda tražiti razloge zašto biti zahvalna, to će više plodova radosti i zahvalnosti rađati. Isto je i sa molitvom; što više truda stavimo u molitvu, veću snagu i odgovore ćemo ubirati kao plodove.

Prema tome, nudeći Bogu svaki dan duhovnu službu koju On želi i sa kojom je On zadovoljan kroz život u kojem se ti uvijek raduješ, moliš bez prestanka i daješ hvalu (1. poslanica Solunjanima 5:16-18), ja se nadam da ćeš ti roditi velike i obilne plodove u duhu i tijelu.

Poglavlje 2

Prinosi u Starom zavjetu kao što je zapisano u Levitskom zakoniku

"Gospod pozva Mojsija i zapovjedi mu iz Šatora sastanka: 'Govori sinovima Izraelovim ovu odredbu: 'Ako hoćete Gospodu prinijeti žrtvu od stoke, onda prinesite žrtvu od goveda ili ovaca.'"

Levitski zakonik 1:1-2

1. Važnost Levitskog zakonika

Često se kaže da su Otkrivenje u Novom zakonu i Levitski zakonik u Starom zavjeru najteži dijelovi Biblije za shvatiti. Iz tog razloga, kada se Biblija čita neki ljudi preskaču te dijelove dok drugi misle da zakoni o prinosima iz Starog zavjeta nisu važni za nas danas. Međutim, ako su ti dijelovi nevažni za nas, nema razloga zašto bi Bog zapisao te knjige u Bibliji. Pošto je svaka riječ u Novom zavjetu kao i u Starom zavjeru bitna za naše živote u Kristu, Bog je dopustio njihovo zapisivanje u Bibliju (Po Mateju 5:17-19).

Zakoni o prinosima iz vremena Starog zavjeta se ne smiju odbaciti u vremenu Novog zavjeta. Baš kao što je sa svim Zakonom, zakone o prinosima iz Starog zavjeta Isus je ispunio u Novom zavjetu. Implikacije značenja zakona koji se tiču prinosa iz Starog zavjeta su utkani u svaki dio moderne službe u Božjem svetištu i prinosi iz vremena Starog zavjeta su jednaki današnjim procesima u službama. Jednom kada smo mi ispravno shvatili zakone o prinosima iz Starog zavjera i njihovu važnost, mi ćemo moći slijediti prečac do blagoslova na kojem ćemo susresti Boga i iskusiti Ga sa ispravnim shvaćanjem kako Ga slaviti i služiti.

Levitski zakonik je dio Božje Riječi koji se odnosi danas na sve one koji vjeruju u Njega. To je zbog toga što, kao što pronalazimo u 1. Petrovoj poslanici 2:5 "I sami se kao živo kamenje uzidajte kao duhovni hram za svećeništvo sveto, da prinosite žrtve duhovne, koje su ugodne Bogu po Isusu Kristu," svatko tko je primio spasenje kroz Isusa Krista može ići pred Boga, baš kao što su svećenici u vrijeme Starog zavjeta to činili.

Levitski zakonik je generalno podijeljen na dva dijela. Prvi dio se primarno fokusira na to kako možemo dobiti oprost od naših grijeha. Uglavnom se sastoji od zakona o prinosima da bi nam se grijesi mogli oprostiti. Također opisuje kvalifikacije i odgovornosti svećenika u vodstvu prinosa između Boga i ljudi. Drugi dio u detalje bilježi grijehe koje Božji odabir, Njegov sveti narod, nikad ne smiju počiniti. U zaključku, svaki vjernik mora naučiti Božju volju koja se nalazi u Levitskom zakoniku, koji naglašava kako održavati svetu vezu sa Bogom.

Zakoni o prinosima u Levitskom zakoniku objašnjavaju metodologiju kako mi služimo. Baš kao što mi susrećemo Boga i primamo Njegove odgovore i blagoslove kroz službu, ljudi Starog zavjeta su primali oprost grijeha i iskusili Božji rad kroz prinose. Međutim, nakon Isusa Krista, Duh Sveti je napravio prebivalište u nama i dopušteno nam je imati prijateljstvo sa Bogom dok Ga mi služimo u duhu i istini usred radova Duha Svetog.

Poslanica Hebrejima 10:1 nam govori, "Jer kako zakon ima samo sjenu budućih dobara, a ne bitnu sliku stvari, to ne može nikada usavršiti one, koji pristupaju svake godine i prinose neprestano one iste žrtve." Ako postoji oblik, postoji i sjena tog oblika. Danas, "oblik" je činjenica da mi možemo služiti kroz Isusa Krista i u vrijeme Starog zavjeta, ljudi su održavali svoju vezu sa Bogom kroz prinose, koji su sjena.

Prinosi Bogu moraju se predati prema pravilima koja On želi; Bog ne prihvaća službu koju daje osoba koja služi prema svojim pravilima. U Postanku 4, mi vidimo da je Bog prihvatio prinose od Abela koji je slijedio Božju volju, ali On nije prihvatio prinos od Kaina koji će smislio svoju vlastitu metodu prinosa.

Na isti način, postoji služba sa kojom je Bog zadovoljan i služba koja zastrani od Njegovih pravila i prema tome postane nevažna za Boga. Pronađena je u zakonima o prinosima u Levitskom zakoniku posebna informacija o vrstu službe sa kojom mi možemo primiti Božje odgovore i blagoslove i sa kojom je On zadovoljan.

2. Bog je pozvao Mojsija iz šatora sastanka

Levitski zakonik 1:1 govori, "Gospod pozva Mojsija i zapovjedi mu iz Šatora sastanka..." Šator sastanka je mobilno svetište koje omogućava brz pokret dok su ljudi Izraela živjeli u divljini i to je mjesto gdje je Bog zvao Mojsija. Šator sastanka se odnosi na tabernakul koji se sastoji od Svetišta i Presvetog (Izlazak 30:18; 30:20; 39:32; i 40:2). To se također može zbirno odnositi na tabernakul kao i na zavjese koje su omotane oko sudova (Brojevi 4:31; 8:24).

Nakon Izlaska i na njihovom putovanju prema zemlji Kaanana, ljudi Izraela su potrošili puno vremena u divljini i morali su se stalno kretati. Iz tog razloga hram u kojem su se prinosi davali Bogu nije se mogao izgraditi na trajan način, nego je to bio tabernakul koji se mogao lako kretati. Iz tog razloga, struktura se također zvala "hram tabernakula."

U Izlasku 35.-39. nalaze se specifični detalji o konstrukciji tabernakula. Sam Bog je dao Mojsiju detalje o strukturi tabernakula i materijalima koji se trebaju koristiti za njegovu konstrukciju. Kada je Mojsije rekao zajednici o materijalima koji su bili potrebni za gradnju tabernakula, oni su rado dali korisne materijali kao zlato, srebro, broncu; razne vrste kamenja; plave, ljubičaste i crvene materijale i fine halje; oni su donijeli kozju dlaku, ovnove kože i kože morskog praseta, tako da je Mojsije morao sprječavati ljude da ne donose više (Izlazak 36:5-7).

Prema tome tabernakul je izgrađen sa prinosima koje je zajednica dragovoljno dala. Jer su Izraelci bili na putu do Kaanana nakon izlaska iz Egipta kao da su bježali iz njega, cijena gradnje tabernakula nije mogla biti mala. Oni nisu imali domova ili zemlje. Oni nisu mogli skladištiti bogatstvo kroz ratarstvo. Međutim, u predviđanju obećanja Boga, koji im je rekao da će On boraviti među njima kada se napravi boravište za Njega, ljudi

Izraela su izdržali svu cijelu i trud sa radosti i veseljem.

Za ljude Izraela koji su dugo patili velike patnje i muku, jedna stvar za kojom su žudjeli više od ičeg drugog je sloboda od ropstva. Kao takvo, nakon što ih je izbavio iz Egipta Bog im je zapovjedio gradnju tabernakula da bi mogao boraviti među njima. Ljudi Izraela nisu imali razloga ne poslušati i prema tome tabernakul je nastao sa radosnom odanosti Izraelaca kao svojim temeljom.

Odmah na ulasku u tabernakul se nalazi "Svetište" a prolaskom kroz Svetište unutar nalazi se "Presveto." To je najsvetije mjesto. Presveto sadrži Kovčeg Svjedočanstva (Kovčeg Zavjeta). Činjenica da se Kovčeg Svjedočanstva, koji sadrži Božju Riječ, nalazi u Presvetom služi kao podsjetnik na Božju prisutnost. Dok je hram u svojoj cijelosti sveto mjesto kao kuća Boga, Presveto je mjesto koje je posebno odvojeno i smatra se kao najsvetije od svih mjesta. Čak i visoki svećenik je smio ući u Presveto samo jednom na godinu i taj događaj je bio da bi prinio prinos grijeha Bogu za sve ljude. Običnim ljudima ulaz je bio zabranjen. To je zato što grešnici nikad ne smiju ići pred Boga.

Ipak, sa Isusom Kristom svatko od nas je dobio privilegiju mogućnosti dolaska pred Boga. Po Mateju 27:50-51 mi čitamo

"Opet povika Isus iza glasa; tada ispusti duh svoj. Tada se zavjesa hramska razdera na dvoje odozgo do dolje." Kada je Isus ponudio Sebe kroz smrt na križu da bi nas otkupio od grijeha, poderao se veo koji je stajao između Presvetog i nas.

O ovome Poslanica Hebrejima 10:19-20 objašnjava, "Imajući dakle, braćo, pouzdanje ulaziti u Svetinju nad svetinjama krvlju Isusovom, koji nam je otvorio pat novi i živi zavjesom, to jest, tijelom svojim." To što se veo poderao dok je Isus žrtvovao Svoje tijelo u smrti označava propast zida grijeha između Boga i nas. Sada, svatko tko vjeruje u Isusa Krista može primiti oprost od grijeha i ići putem koji je popločan i vodi pred Svetog Boga. Dok je samo svećenik mogao ići pred Boga u prošlosti, mi sada možemo imati direktnu i intimnu vezu sa Njim.

3. Duhovno značenje šatora sastanka

Kakav značaj ima šator sastanka za nas danas? Šator sastanka je crkva gdje vjernici slave danas, Svetište je tijelo vjernika koji su prihvatili Gospoda, a Presveto je naše srce u kojem Duh Sveti boravi. 1. poslanica Korinćanima 6:19 nas podsjeća, "Ili ne znate, da je tijelo vaše hram Duha Svetoga, koji je u vama, kojega imate od Boga, i ni jeste svoji?" Nakon što prihvatimo Isusa kao Spasitelja Duh Sveti nam je dan kao dar od Boga. Pošto Duh Sveti boravi u nama, naše srce i tijelo su sveti hram.

1. poslanica Korinćanima 3:16 govori, "Ne znate li, da ste hram Božji, i Duh Božji da stanuje u vama? Ako li tko oskvrni hram Božji, upropastit će njega Bog; jer je hram Božji svet, a to ste vi." Baš kao što moramo održavati vidljivi hram Boga čistim i svetim svo vrijeme, mi također moramo držati naša tijela i srce čistim svo vrijeme kao mjesto prebivanja Duha Svetog.

Mi čitamo da će Bog uništiti svakog tko uništi hram Boga. Ako je osoba dijete Boga i ona je prihvatila Duh Sveti ali nastavlja se uništavati, Duh Sveti će se ugasiti i neće biti spasenja za tu osobu. Samo kada mi držimo hram u kojem boravi Duh Sveti čistim sa našim ponašanjem i naša srca mogu primiti potpuno spasenje, imati direktnu i intimnu vezu sa Bogom.

Prema tome, činjenica da je Bog pozvao Mojsija iz šatora sastanka označava da nas Duh Sveti poziva unutar nas i traži prijateljstvo sa nama. Prirodno je da Božja djeca koja su primila spasenje imaju prijateljstvo sa Bogom Ocem. Oni moraju moliti sa Duhom Svetim i slaviti u duhu i istini u intimnom prijateljstvu sa Bogom.

Ljudi u vremenu Starog zavjeta nisu mogli imati vezu sa Svetim Bogom zbog svojih grijeha. Samo je visoki svećenik mogao ući u Presveto unutar tabernakula i dati Bogu prinose u ime ljudi. Danas, svakom djetetu Boga je dopušteno ući u Svetište služiti, moliti se i imati vezu sa Bogom. To je zato što nas je Isus

Krist iskupio od svih grijeha.

Kada mi prihvatimo Isusa Krista, Duh Sveti boravi u našim srcima i smatra nas kao Presveto. Nadalje, baš kao što je Bog pozvao Mojsija iz šatora sastanka, Duh Sveti nas zove iz dubina našeg srca i želi imati vezu sa nama. Dopuštajući nam čuti glas Duha Svetog i primiti Njegovo vodstvo, Duh Sveti nas vodi do života u istini i shvaćanja Boga. Da bismo čuli glas Duha Svetog, mi moramo odbaciti grijehe i zlo iz našeg srca i postati posvećeni. Jednom kad smo ostvarili posvećenost, mi ćemo moći jasno čuti glas Duha Svetog i blagoslovi će biti obilni u duhu i u tijelu.

4. Oblik šatora sastanka

Oblik šatora sastanka je jako jednostavan. Osoba mora proći pored vrata, čija je širina oko devet metara (oko 29,5 stopa) istočno od tabernakula. Nakon ulaska u dvorište tabernakula, osoba dolazi do Oltara žrtava paljenica koji je napravljen od bronce. Između tog oltara i Svetišta je zdjelica ili obredni lavor, poslije toga nalazi se Svetište i onda Presveto koji je centar šatora sastanka.

Dimenzije tabernakula sastoje se od Svetišta i Presvetog koje su četiri i pol metra (oko 17,7 stopa) u širinu, 13,5 metara (oko 44,3 stopa) u dužinu i četiri i pol metra (oko 17,7 stopa) u visinu. Zgrada stoji na temelju od srebra, sa zidovima koji se sastoje

Struktura Šatora sastanka

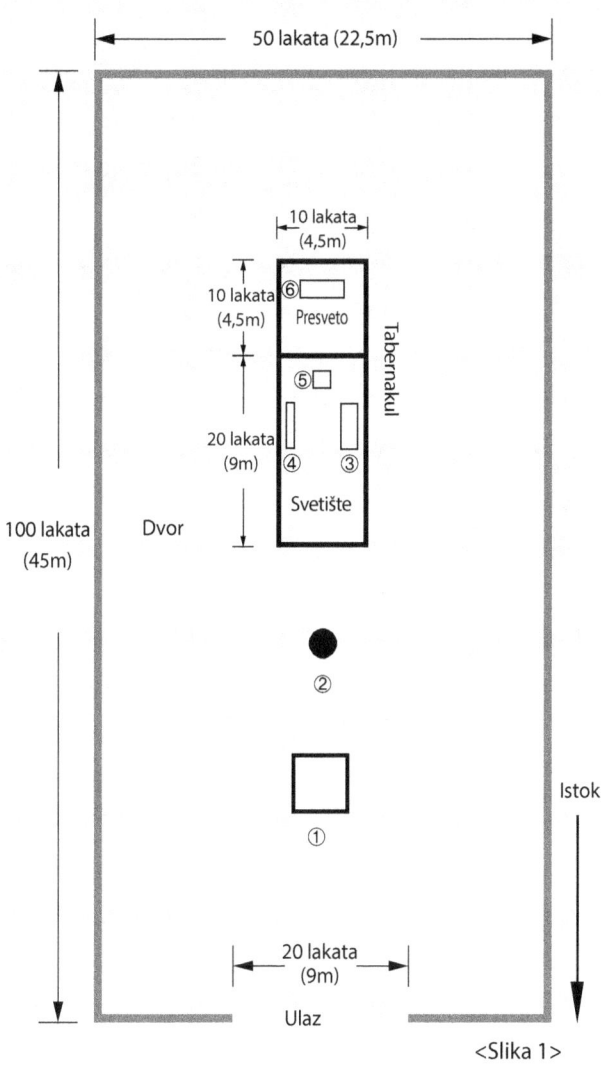

<Slika 1>

Dimenzije
Dvor: 100 x 50 x 5 lakata
Ulaz: 20 x lakata
Tabernakul: 30 x 10 x 10 lakata
Svetište: 20 x 10 x 10 lakata
Svetinja: 10 x 10 x 10 lakata
(- 1 lakat= otprilike 17.7 inča)

Pribor
1) Oltar žrtava paljenica
2) Zdjelica
3) Stol za kruh prisutnosti
4) Svijećnjak od čistog zlata
5) Oltar tamjana
6) Kovčeg Svjedočanstva (Kovčeg zavjeta)

od stupova od akacije prekrivenih zlatom, a krov prekriven sa četiri sloja zavjesa. Kerubini su izvezeni u prvi sloj; drugi sloj je napravljen od kozje dlake; treći je napravljen od ovnove kože; četvrti je napravljen od kože morskog praseta.

Svetište i Presveto su odvojeni sa zavjesom na kojom su izvezeni kerubini. Veličina Svetišta je duplo veća od Presvetog. U Svetištu nalazi se stol za Kruh Prisutnosti (također znan kao kruh običaja), svijećnjak i Oltar Tamjana. Svi ti predmeti su napravljeni od čistog zlata. Unutar Presvetog nalazi se Kovčeg Svjedočanstva (Kovčeg Zavjeta).

Zbrojimo sve to. Prvo, unutar Presvetog je sveto mjesto u kojem Bog boravi i Kovčeg Svjedočanstva, iznad kojeg je mjesto milosti, koje je također bilo tamo. Jednom na godinu na Dan Iskupljenja, visoki svećenik ulazi u Presveto i prosipa krv na mjesto milost u ime ljudi da bi se iskupili. Sve u Presvetom je ukrašeno sa čistim zlatom. Unutar Kovčega Svjedočanstva postoje dvije kamene table na kojima su zapisani Deset Zapovijedi, ćup koji sadrži nešto mane i Aaronov štap koji je propupao.

Svetište je mjesto gdje bi svećenik ušao da bi dao prinose i tamo je bio Oltar Tamjana, svijećnjak i stol za Kruh Prisutnosti, i sve je to napravljeno od zlata.

Treće, zdjelica je posuda napravljena od bronce. Zdjelica

Slika

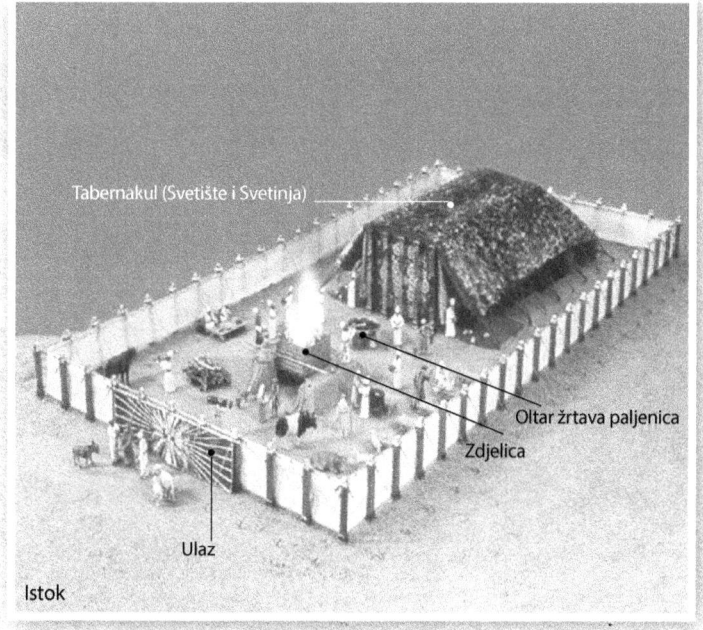

<Slika 2>

Panoramski pogled na šator sastanka

Unutar dvora nalazi se oltar žrtava paljenica (Izlazak 30:28), zdjelica (Izlazak 30:18) i Tabernakul (Izlazak 26:1; 36:8) i visi iznad njih zavjese od fine ispletene tkanine. Postoji samo jedan ulaz u na istoku Tabernakula (Izlazak 27:13-16) i to simbolizira Isusa Krista, jedina vrata spasenja.

Slika

<Slika 3>

Pokrivala za Tabernakul

Četiri sloja prekrivala su iznad Tabernakula.
Na dnu su zavjese izvezene sa kerubinima; na njima su zavjese od kozje dlake; na njima je ovnova koža; i na samom vrhu koža morskog praseta. Prekrivala u slici 3 su prikazana tako da je svaki sloj vidljiv. Sa otkrivenim pokrivalima, vidljiva su vješala za Svetište ispred Svetišta i iza njih, oltar tamjana i vješala za Presveto.

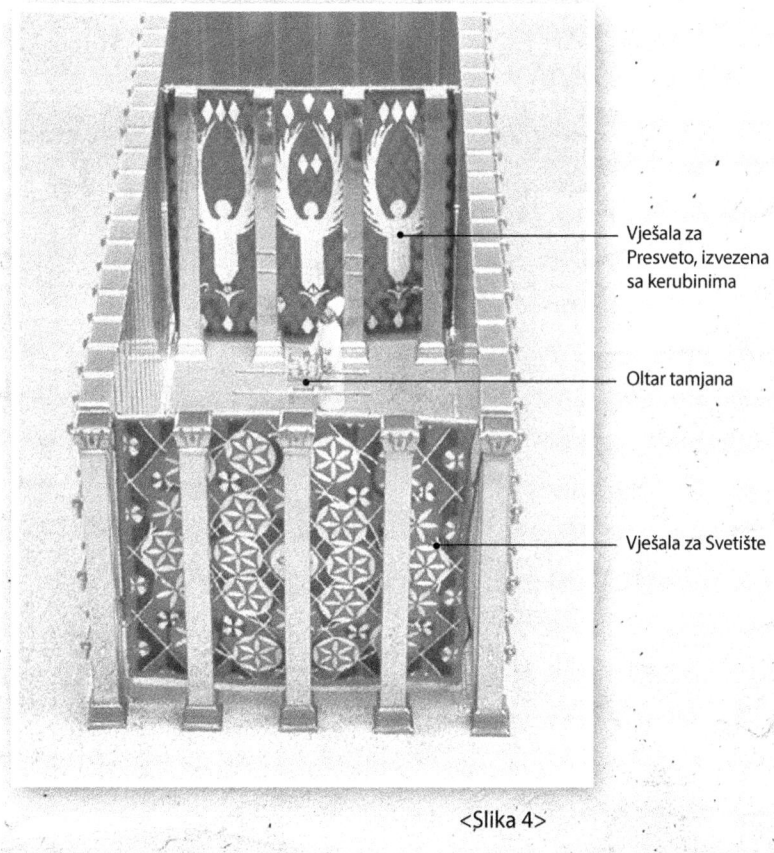

<Slika 4>

Svetište vidljivo sa otkrivenim prekrivalima

Na početku su vješala za Svetište i vidljiv iza njih je oltar tamjana i vješala za Presveto.

Slika

<Slika 5>

Unutrašnjost Tabernakula

U centru Svetišta nalazi se svijećnjak od čistog zlata (Izlazak 25:31), stol za kruh Prisutnost (Izlazak 25:30) i prema kraju oltar tamjana (Izlazak 30:27).

<Slika 6>
Oltar tamjana

<Slika 7>
Stol za kruh prisutnosti

<Slika 8>
Svijećnjak

Slika

<Slika 9>

Unutar Presvetog

Zadnji zid Svetišta je uklonjen da bi se moglo vidjeti unutar Presvetog. Vidljiv je Kovčeg Svjedočanstva, sjedalo milosti i vješala za Svetinju prema kraju. Jednom godišnje, visoki svećenik obučen u bijelo ulazi u Svetinju i poškropi krv prinosa grijeha.

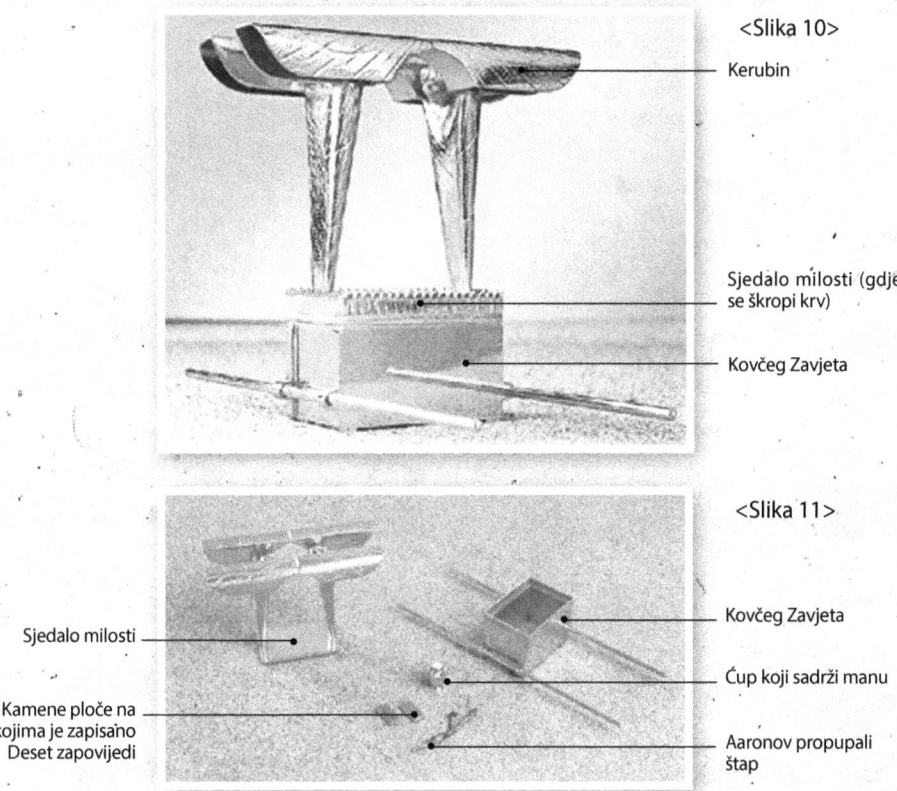

<Slika 10>
- Kerubin
- Sjedalo milosti (gdje se škropi krv)
- Kovčeg Zavjeta

<Slika 11>
- Kovčeg Zavjeta
- Ćup koji sadrži manu
- Aaronov propupali štap
- Sjedalo milosti
- Kamene ploče na kojima je zapisano Deset zapovijedi

Kovčeg zavjeta i sjedalo milosti

Unutar Presvetog se nalazi Kovčeg Svjedočanstva napravljen od čistog zlata i nad Kovčegom je sjedalo milosti. Sjedalo milosti se odnosi na prekrivala za Kovčeg Svjedočanstva (Izlazak 25:17-22) i krv se škropi tamo jednog godišnje. Na dva kraja sjedala milosti su dva kerubina čija krila prekrivaju sjedalo milosti (Izlazak 25:18-20). Unutar Kovčega Svjedočanstva postoje dvije kamene table na kojima su zapisani Deset Zapovijedi; ćup koji sadrži manu; i Aaronov štap koji je propupao.

Slika

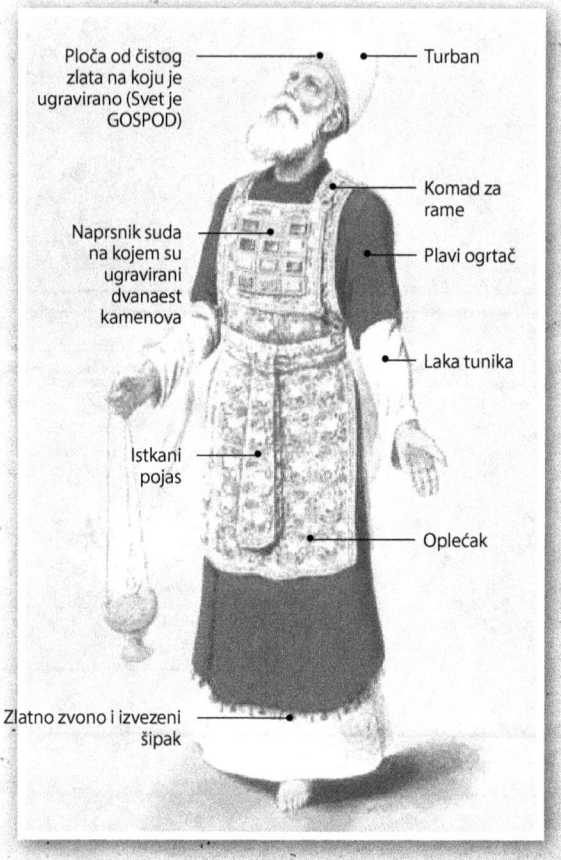

<Slika 12>

Odjeća visokog svećenika

Visoki svećenik je zadužen za održavanje Hrama i nadgledanje službi prinosa, i jednom godišnje ulazak u Presveto da bi učinio prinos Bogu. Svatko tko naslijedi dužnost visokog svećenika treba imati u svojem posjedu Urim i Tumim. Ta dva kamena, koji su korišteni za traženje Božje volje, su stavljani u naprsnik na vrhu oplećka kojeg svećenik nosi. "Urim" označava svjetlo a "Tumim" savršenstvo.

sadrži vodu gdje svećenik može oprati svoje ruke i noge prije ulaska u Svetište ili prije nego visoki svećenik uđe u Presveto.

Četvrto, Oltar Žrtava Paljenica je napravljen od bronce i bio je dovoljno snažan za izdržati vatru. Vatra na oltaru "I oganj izađe od Gospoda" kada je tabernakul završen (Levitski zakonik 9:24). Bog je također zapovjedio da vatra na oltaru gori kontinuirano, da se nikad ne ugasi i svaki dan dva jednogodišnja janjca su prenesena (Izlazak 29:38-43; Levitski zakonik 6:12-13).

5. Duhovno značenje prinosa sa bikovima i janjcima

U Levitskom zakoniku 1:2 Bog je rekao Mojsiju, "Govori sinovima Izraelovim ovu odredbu: 'Ako hoćete Gospodu prinijeti žrtvu od stoke, onda prinesite žrtvu od goveda ili ovaca.'" Tijekom službi, Božja djeca Mu daju razne prinose. U dodatku na desetinu, njihovi prinosi uključuju hvalu, izgradnju i olakšanje. Ipak, Bog zapovijeda da ako Mu netko želi donijeti prinos, prinos mora biti "životinja iz stada ili jata." Kako ovaj stih nosi duhovnu važnost, mi ne trebamo činiti što nam ovaj stih doslovno zapovijeda, nego prvo moramo shvatiti duhovno značenje i onda to činiti prema volji Boga.

Kakvo je tu duhovno značenje u prinosima životinja iz stada ili jata? To znači da moramo slaviti Boga u duhu i istini i prinositi sebe kao živi i sveti prinos. To je "duhovna služba i slava"

(Poslanica Rimljanima 12:1). Mi uvijek moramo biti na oprezu u molitvama i ponašati se na svet način pred Bogom ne samo tijekom službe nego i u našim dnevnim životima. Onda će naša služba i svi naši prinosi biti dani Bogu kao živi i sveti prinos koji će Bog smatrati kao duhovnu službu.

Zašto je Bog zapovjedio ljudima Izraela da Mu prinesu bikove i janjce među svim životinjama? Bikovi i janjci, među svim zvijerima, najbolje predstavljaju Isusa, koji je postao prinos mira za spasenje čovječanstva. Pogledajmo sličnosti između "bikova" i Isusa.

1) Bikovi nose čovjekove terete

Baš kao što bikovi nose čovjekov teret, Isus je došao nositi naš teret grijeha. Po Mateju 11:28 On nam govori, "Dođite k meni svi, koji ste umorni i opterećeni, ja ću vas okrijepiti." Ljudi se trude i rade sve što mogu da bi ostvarili bogatstvo, čast, znanje, slavu, prestiž i moć i sve drugo što mogu zamisliti. Uz razne terete koje on nosi, čovjek također nosi teret grijeha i živi svoj život usred iskušenja, nepogoda i muke.

Sada, Isus je uzeo terete i poteškoće života tako da je postao prinos, prolio je krv iskupljenja i razapet je na drvenom križu. Sa vjerom u Gospoda, čovjek može istovariti sve svoje probleme i teret grijeha i uživati u miru i odmoru.

2) Bikovi ne uzrokuju probleme čovjeku; oni mu samo koriste

Bikovi ne koriste čovjeku samo kao radna snaga u poslušnosti nego mu također daju mlijeko, meso i kožu. Od glave do kopita, nijedan dio bika nije beskoristan. Isus također samo koristi čovjeku. Ispovijedajući evanđelje o Nebu siromasima, bolesnima i napuštenima, On im daje komfor i nadu, otpušta okove opakosti i ozdravlja bolesti i upale. Čak i ako On nije mogao spavati i jesti, Isus je radio što god je mogao da bi učio Božju Riječ toj jednoj duši na bilo koji način je On mogao. Tako što je ponudio Svoj život i bio razapet, Isus je otvorio put spasenja za grešnike kojima je Pakao bio suđen.

3) Bikovi daju hranu čovjeku sa svojim mesom.

Isus je dao čovjeku Svoje tijelo i krv tako da čovjek može napraviti kruh od njih. Po Ivanu 6:53-54 On nam govori, "Zaista zaista, kažem vam: ako ne jedete tijela Sina čovječjega i ne pijete krvi njegove, nemate života u sebi. Tko jede tijelo moje i pije krv moju, ima život vječni, i ja ću ga uskrsnuti u posljednji dan."

Isus je Božja Riječ koja je došla na ovaj svijet u tijelu. Prema tome, jesti Isusovo tijelo i piti Njegovu krv znači praviti kruh od Božje Riječi i živjeti prema njoj. Baš kao što čovjek može živjeti samo sa jelom i pićem, mi možemo dobiti vječni život i ući na Nebo samo jedući i praveći kruh od Božje Riječi.

4) Bikovi oru zemlju i pretvaraju je u plodno tlo.

Isus kultivira čovjekovo polje srca. Po Mateju postoji parabola koja uspoređuje čovjekovo srce sa četiri različita polja: polje pored puta; kamenito tlo; trnovito tlo; i polje dobre zemlje. Pošto nas je Isus iskupio od svih grijeha, Duh Sveti je napravio mjesto prebivanja u našim srcima i daje nam snagu. Naša srca mogu se pretvoriti u dobro tlo sa pomoći Duha Svetog. Kako mi vjerujemo u krv Isusa, koji je dozvolio da nam grijesi budu oprošteni, i marljivo slušamo istinu, naša srca će se pretvoriti u plodno, bogato i dobro tlo i mi ćemo moći primiti blagoslove u duhu i u tijelu ubirući 30, 60 i 100 puta od onog što smo posijali.

Slijedeće, koje su sličnosti između janjaca i Isusa?

1) Janjci su blagi.

Kada pričamo sa blagim ili nježnim ljudima, mi ih obično povezujemo sa blagosti janjeta. Isus je bio najblaži od svih ljudi. O Isusu Izaija 42:3 piše, "Trske stučene neće prelomiti, stijenja, što tinja, neće ugasiti." Čak i prema zločincima i izopačenicima ili sa onima koji su se pokajali ali su ponovno počinili grijeh, Isus je strpljiv do kraja, čeka ih da se okrenu od svojih putova. Dok je Isus Sin Boga Stvoritelja i ima autoritet uništiti čovječanstvo, On ostaje strpljiv i pokazuje nam Svoju ljubav čak i dok Ga zločinci razapinju.

2) Janje je poslušno.

Janje slijedi u poslušnosti gdje god pastir vodi i ostaje mirno čak i dok ga se šiša. Kao što 2. poslanica Korinćanima 1:19 piše, "Jer Sin Božji, Isus Krist, kojega mi, ja i Silvan i Timotej, vama propovijedasmo, nije bio zajedno da i ne, nego je bio u njega samo da," Isus nije insistirao na Svojoj volji nego je ostao poslušan Bogu do Svoje smrti. Kroz Svoj život, Isus je samo išao do mjesta u vrijeme Božjeg odabira i on je činio samo ono što je Bog htio od Njega. Na kraju, iako je On jako dobro znao nadolazeću patnju križa, On je trpio u poslušnosti da bi ostvario Očevu volju.

3) Janjad je čista.

Ovdje, janje je jednogodišnje muško janje koje se još nije parilo (Izlazak 12:5). Janje tog doba se može usporediti sa divnom i čistom osobom u svojoj mladosti- ili sa nevinim i bezgrešnim Isusom. Janjad također daje krzno, meso i mlijeko; oni nikad ne štete nego samo koriste čovjeku. Kao što je ranije rečeno, Isus je ponudio Svoje tijelo i krv, te nam je dao svaki dio Sebe. U potpunoj poslušnosti prema Bogu Ocu, Isus je ispunio Božju volju i uništio zid grijeha između Boga i grešnika. Čak i danas, On kontinuirano kultivira naša srca tako da će se ona pretvoriti u čisto i plodno tlo.

Baš kao što je čovjek iskupljen od svojih grijeha kroz bikove i janjce u vrijeme Starog zavjeta, Isus je ponudio Sebe kao prinos na križu i ostvario vječno iskupljenje kroz svoju krv (Poslanica Hebrejima 9:12). Kako mi vjerujemo u tu činjenicu, mi moramo jasno razumjeti kako je Isus postao prinos vrijedan Božjeg prihvaćanja tako da mi uvijek možemo ostati zahvalni za ljubav i milost Isusa Krista i krenuti putem Njegova života.

Poglavlje 3

Žrtva paljenica

"Neka svećenik spali sve zajedno na žrtveniku kao žrtvu paljenicu, kao žrtvu ognjenu na ugodni miris Gospodu."

Levitski zakonik 1:9

1. Značajnost žrtve paljenice

Žrtva paljenica, prva od svih prinosa zapisana u Levitskom zakoniku, je najstarija od svih prinosa. Etimologija izraza "žrtva paljenica" je "pustiti da se uzdigne." Žrtva paljenica je prinos koji je postavljen na oltar i potpuno prožet vatrom. To simbolizira čovjekovu potpunu žrtvu, njegovu odanost i dragovoljnu službu.

Udovoljiti Boga sa ugodnom aromom paljenja životinje koja je ponuđena kao prinos, žrtva paljenica je najčešća metoda prinosa i služi kao signal činjenici da je Isus nosio naš grijeh i ponudio Sebe kao potpun prinos, prema tome postajući miris koji se prinosi Bogu (Poslanica Efežanima 5:2).

Udovoljiti Bogu sa mirisom ne znači da Bog osjeća miris životinjskog prinosa. To znači da On prihvaća miris srca osobe koja Mu daje prinos. Bog ispituje do koje se mjere osoba boji Boga i sa kakvom vrstom ljubavi osoba daje prinos Bogu. On onda prima osobinu odanost i ljubav.

Ubijanje životinje da bi se Bogu dala žrtva paljenica prikazuje davanje našeg samog života Bogu i slušanje Svih njegovih zapovijedi. Drugim riječima, duhovno značenje žrtve paljenice je život potpuno prema Božjoj Riječi i prinositi Mu svaki aspekt našeg života na čist i svet način.

U današnjim uvjetima, to je izraz naših srca u obećavanju davanja naših života Bogu prema Njegovoj volji tako da sudjelujemo u službi na Uskrs, Gozbi Žetve, Gozbi Zahvalnosti, Božiću i svaku nedjelju. Slaviti Boga svaku nedjelju i držati nedjelju svetom služi kao dokaz da smo mi Božja djeca i da naš duh pripada Njemu.

2. Žrtvovanje za žrtvu paljenicu

Bog je zapovjedio da prinos kao žrtva paljenica mora biti "muško bez mane," što simbolizira savršenost. On želi muško jer oni generalno trebaju biti vjerniji svojim principima od ženskih. Oni se ne kolebaju amo tamo i od lijevo do desno, nisu lukavi i ne dvoume se. Isto tako, činjenica da Bog želi prinos "bez mane" prikazuje da Ga osoba mora služiti u duhu i istini, ne smije Ga služiti sa slomljenim duhom.

Kada roditeljima dajemo darove, oni će ih s radosti primiti kada ih dajemo sa ljubavi i brigom. Ako ih nevoljko dajemo, naši ih roditelji ne mogu primiti sa radosti. Na isti način, Bog neće prihvatiti službu koja Mu je ponuđena bez radosti ili usred umora, pospanosti ili raznih misli. On će s radosti prihvatiti našu službu samo kada je dubina našeg srca ispunjena sa nadom u Nebo, zahvalnosti za milost spasenja i ljubavi za Našeg Gospoda. Samo nam tada Bog daje put izlaza u vremenima iskušenja i nepogoda i dopušta nam sve načine uspjeha.

"Mladi bik" kojeg je Bog zapovjedio da bude prinos u Levitskom zakoniku 1:5 se odnosi na mladog bika koji se još nije pario i duhovno se odnosi na čistoću i integritet Isusa Krista. Prema tome, preneseno u ovom stihu je Božja želja da mi dođemo pred Njega sa čistim i iskrenim srcem djeteta. On ne želi da se mi ponašamo djetinjasto ili nezrelo nego želi da mi krenemo prema srcu djeteta koje je jednostavno, poslušno i skromno.

Mladi bik čiji rogovi još nisu narasli pa ne napada i nema zla u njemu. Te osobine su osobine Isusa Krista koji je nježan, ponizan i blag kao dijete. Kako je Isus Krist nevin i savršen Sin Boga, prinos koji je povezan sa Njim također mora biti nevin i bezgrešan.

U Malahiji 1:6-8 Bog oštro prekorava ljude Izraela koji su Mu davali pokvarene i nesavršene prinose:

"Sin poštuje oca i sluga gospodara svojega. Ako sam ja otac, gdje je čast moja? Ako sam gospodar, gdje je strah od mene?" veli Gospod nad vojskama vama, svećenici, koji sramotite ime moje. Pitate: "Kako smo mi to sramotili ime tvoje?" "Prinosite nečisto jelo na mojemu žrtveniku- I još pitate: 'Kako smo te oskvrnili?' Stim, što mislite: 'Stol je Gospodnji preziran.' Kad donosite slijepo živinče na žrtvu, nije li to dosta zlo? Kad prinosite hromo ili bolesno, nije li to dosta zlo? Prinesi ga namjesniku svojemu, hoće li se on obradovati tomu i milostivo te primiti?", veli Gospod nad vojskama.

Mi moramo dati Bogu bezgrešan, nevin i savršen prinos slaveći Ga u duhu i istini.

3. Značajnost drugačijih tipova prinosa

Bog pravde i milost gleda u ljudsko srce. Prema tome, On nije zainteresiran u veličinu, vrijednost ili cijenu prinosa nego u količinu brige sa kojom je osoba dala sa vjerom prema njenim okolnostima. Kao što nam On govori u 2. poslanici Korinćanima 9:7, "Svaki, kako je odlučio u srcu, a ne sa žalošću ili od nevolje, jer Bog ljubi vesela darovatelja," Bog s radošću prihvaća ono što radosno dajemo prema našim okolnostima.

U Levitskom zakoniku 1. Bog objašnjava u detalje kako treba prinijeti mlade bikove, janjce, koze i ptice. Dok su mladi bikovi bez mane najbolji način prinosa Bogu kao žrtva paljenica, neki si ljudi ne mogu priuštiti bikove. Zato je, u Svojoj milosti i suosjećanju, Bog dopustio ljudima da Mu prinose janjce, koze ili golubice prema okolnostima i uvjetima svake osobe. Kakav duhovni značaj to ima?

1) Bog prihvaća prinose koji su Mu dani prema sposobnostima svake osobe.

Financijske sposobnosti i okolnosti variraju kod ljudi; mala količina za neke ljude može biti velika količina za druge. Iz tog razloga, Bog s radosti prihvaća janjce, koze ili golubice koje su Mu ljudi prinijeti prema sposobnostima svake osobe. To je Božja pravda i ljubav sa kojom je On dopustio da svi, bilo bogati ili siromašni, sudjeluju u prinosima prema sposobnostima svake osobe.

Bog neće s radosti prihvatiti kozu koju Mu je prinio netko tko s može priuštiti bika. Međutim, Bog će s radosti prihvatiti i brzo odgovoriti na želje srca nekog tko Mu je dao bika kada je janje sve što si može priuštiti. Bilo da je prinesen bik, janje, koza ili golubica, Bog je rekao da Mu je sve "ugodan miris" (Levitski zakon 1:9; 13; 17). To znači, dok postoji razlika u stupnjevima prema tome koji je prinos dan, kada mi prinosimo Bogu iz dubine naših srca, jer Bog je taj koji gleda u ljudske srca, ne postoji razlika jer Mu je to sve ugodan miris.

Po Marku 12:41-44 postoji scena u kojoj Isus zapovijeda siromašnoj ženi da mu nešto prinese. Dva mala bakrena novčića koja je on dala su bili najmanja valuta u to doba, i oni su bili sve što je imala. Bez obzira koliko mali prinos, kada mi dajemo Bogu najbolje što možemo u radosti, to postaje prinos sa kojim je On zadovoljan.

2) Bog prihvaća službu prema intelektu osobe.

Dok slušamo Riječ Boga, shvaćanje i milost koju primamo razlikuje se prema intelektu svake osobe, stupnju obrazovanja i znanju, Čak i tijekom službi, u odnosu na neke ljude koji su pametniji i koji su više studirali, sposobnost razumijevanja i pamćenja Božje Riječi je manja za one ljude koji nisu toliko pametni i nisu proveli toliko puno vremena učeći. Kako Bog sve to zna, On želi da Ga svaka osoba slavi sa svojim intelektom iz dubine svojeg srca, da shvaća i živi prema Riječi Boga.

3) Bog prihvaća službu prema dobi i mentalnoj oštrini osobe.

Kako ljudi stare, njihova memorija i shvaćanje slabi. Zbog toga mnogi stariji ljudi ne mogu shvatiti ili se ne mogu sjetiti Božje Riječi. Usprkos tomu, kad se takvi ljudi posvete službi sa iskrenim srcem, Bog zna okolnosti svake osobe i On će s radosti prihvatiti njihovu službu.

Imaj na umu da kada osoba slavi sa inspiracijom Duha Svetog, Božja moć će biti sa njom iako joj manjka mudrosti ili znanja, ili ako je starije dobi. Sa radom Duha Svetog, Bog joj pomaže shvatiti i činiti kruh od Riječi. Pa mi ne odustajemo govoreći "Ne uspijevam" ili "Pokušao sam ali ipak ne mogu," nego činimo sve što možemo iz dubine našeg srca i tražimo Božju moć. Naš Bog ljubavi rado prihvaća prinose koji su Mu dani prema najvećim naporima svake osobe i prema okolnostima i uvjetima svake osobe. Iz tog je razloga On zapisao u takve detalje u Levitskom zakoniku uvjete prinosa žrtve paljenice i proglasio Svoju pravdu

4. Prinos bikova (Levitski zakonik 1:3-9.)

1) Mladi bikovi bez defekata na ulazu u Šator sastanka

Unutar tabernakula su Svetište i Presveto. Samo je svećenik mogao ući u Svetište i samo je visoku svećenik mogao ući u Presveto jednom godišnje. Zato su obični ljudi, koji ne mogu ući u Svetište, mogli davati žrtve paljenice sa mladim bikovima na ulazi u šator sastanka.

Međutim, kako je Isus uništio zid grijeha koji je stajao između Boga i nas, mi sada možemo imati direktni i intimnu vezu sa Bogom. Ljudi u vrijeme Starog zavjeta su davali prinose na ulazu u šator sastanka sa svojim djelima. Međutim, Duh Sveti je napravio naše srce Svojim hramu, boravi u njemu i danas ima vezu sa nama, mi koji smo u vrijeme Novog zavjeta dobili pravo ići pred Boga u Presveto.

2) Polaganje ruke na glavu žrtve paljenice da bi prenio grijeh i ubijanje

U Levitskom zakoniku 1:4 na dalje mi čitamo, "Neka položi ruku na glavu žrtvi paljenici; tako će mu se milostivo primiti i pomirenje mu pribaviti. Onda neka zakolje junca pred Gospodom. Polaganje ruku na glavu žrtve paljenice simbolizira prijenos grijeha na žrtvu paljenicu i samo će tada Bog dati oprost grijeha sa krvi žrtve paljenice.

Polaganje ruku, u dodatku na prijenosa grijeha, također simbolizira blagoslove i pomazanje. Mi znamo da je Isus polagao Svoje ruke na osobu kada je blagoslivljao djecu ili ozdravljivao bolesne od bolesti i slabosti. Polagajući ruke, apostoli su prenijeli Duh Sveti na ljude i darovi su postali još obilniji. Isto tako, polaganje ruku također označava da je predmet dan Bogu. Kada svećenik položi svoje ruke na razne prinose to prikazuje da su oni dani Bogu.

Blagoslovi na kraju službe ili na kraju molitvenog sastanka sa Gospodovom Molitvom su namijenjeni za Boga da rado primi te službe ili sastanke. U Levitskom zakoniku 9:22-24 postoji u kojem visoki svećenik Aaron, "Tada raširi ruke svoje nad narod i blagoslovi ga" nakon što je dao Bogu grijeh i žrtvu paljenicu prema načinu koji je Bog odredio. Nakon što smo držali Gospodov dan svetim i završili službu sa blagoslovom, Bog nas štiti od neprijatelja vraga i Sotone kao i od iskušenja i nepogoda i On nam dopušta uživati u prelijevajućim blagoslovima.

Što znači za čovjeka ubiti mladog bika bez mane kao žrtvu paljenicu? Kako su plaće za grijeh smrti, čovjek ubija životinju za svoju korist. Mlad bik koji se još nije pario je divan kao nevino dijete. Bog želi da svaka osoba daje žrtvu paljenicu kao prinos sa srcem nevinog djeteta i da nikad više ne počini grijeh. To tog kraja, On želi da se svaka osoba pokaje od svojih grijeha i odluči u svojem srcu.

Apostol Pavao je jako dobro znao što Bog želi i zato je on, čak i nakon što je primio oprost od svojih grijeha, autoritet i moć kao dijete Boga, on je "dnevno umirao." On ispovijeda u 1. poslanici Korinćanima 15:31, "Svaki dan umirem, tako mi, braćo, vaše slave, koju imam u Kristu Isusu, Gospodinu našemu," jer mi možemo ponuditi naše tijelo kao svetu i živu žrtvu Bogu samo nakon što odbacimo sve što se protivi Bogu, kao što je srce neistine, arogancija, pohlepa, oblik uma prema vlastitim mislima, samo pravednost i sve drugo što je zlo.

3) Svećenik poškropi krv oko oltara

Nakon ubijanja mladog bika na kojeg su preneseni grijesi čovjeka koji prinosi žrtvu, svećenik onda poškropi krv oko oltara na ulazu u šator sastanka. To je zbog toga što, kao što čitamo u Levitskom zakoniku 17:11 piše, "Jer život tijela u krvi je, i samo vam je na žrtveniku dopuštam na pomirenje za duše vaše; krv naime pribavlja pomirenje, jer je život u njoj" krv simbolizira život. Zbog istog razloga, Isus je prolio Svoju krv da bi na iskupio od grijeha.

"Oko oltara" označava istok, zapad, sjever i jug, ili jednostavnije, "gdje god čovjek ide." Poškropiti krv "oko oltara" znači da su čovjeku oprošteni grijesi gdje god ide. To znači da ćemo mi primiti oprost od grijeha koje smo počinili na bilo kojem putu i primiti upute za put kojim Bog želi da idemo, podalje od puta kojeg zasigurno moramo izbjegavati.

Isto je i danas. Oltar je propovjedaonica sa koje se Riječ Božja proglašava i sluga Gospoda koji vodi službu ima ulogu svećenika koji škropi krv. Tijekom službe, mi čujemo Božju Riječ sa vjerom i ovlašteni sa krvi Našeg Gospoda, mi primamo oprost svega što smo učinili što je suprotno Božjoj volji. Jednom kad su nam grijesi oprošteni sa krvlju, mi moramo ići i hodati samo tamo gdje Bog želi da hodamo da bismo se držali dalje od grijeha.

4) Oderati kožu žrtve paljenice i rezanje u dijelove.

Životinja koja je prinesena kao žrtva paljenica prvo mora biti oderana i onda potpuno izgorena. Životinjska koža je čvrsta, jako ju je teško potpuno spaliti, i kada gori užasno smrdi. Prema tome, da bi životinja bila prinos s ugodnom aromom, ona se prvo mora oderati. Na koji dio današnje službe se ovaj dio odnosi?

Bog miriše aromu osobe koja Ga služi i On ne prihvaća nešto što nije mirisno. Da bi služba bila ugodna aroma Bogu, mi prvo moramo "odbaciti izgled koji je uprljan sa svijetom i doći pred Boga na božanstven i svet način." Kroz naše živote mi dolazimo do raznih aspekata života koji se ne mogu smatrati grešnima pred Bogom ali su daleko od božanstvenih ili svetih. Takvi svjetovni izgledi koji su bili u nama prije našeg života u Kristu mogu još uvijek biti tu, i pretjeravanje, taština i hvaljenje još može izaći na vidjelo.

Na primjer, neki ljudi vole ići na tržnicu ili u trgovinu da bi "gledali izloge" pa idu i iz navike kupuju. Drugi su ovisni o televiziji ili video igrama. Ako su naša srca preuzeta sa takvim stvarima, mi se udaljavamo od Božje ljubavi. Nadalje, ako se preispitamo, mi ćemo moći pronaći izgled neistina koje su ukaljane sa svijetom i izgled koji je nesavršen pred Bogom. Da bismo bili savršeni pred Bogom, mi moramo odbaciti sve to. Kada mi dođemo služiti pred Njega, mi se prvo moramo pokajati svih takvih svjetovnih aspekata života i naša srca moraju postati još božanstvenija i svetija.

Kajanje grešnog, nečistog i nesavršenog izgleda mrlja svijeta prije službe je jednako deranju kože životinje žrtve paljenice. Da bismo to učinili, mi moramo pripremiti naša srca da bi bila ispravna dolazeći ranije na službe. Ponudi molitvu zahvalnosti Bogu jer ti je oprostio sve tvoje grijehe i što te štiti i ponudi molitvu pokajanja dok se preispitivaš.

Kada čovjek prinese Bogu životinje koje su oderane, izrezane u komade i zapaljene, Bog daje čovjeku oprost zbog njegovih pogrešaka i grijeha, te dopušta svećenicima korištenje preostalih koža za njihove potrebe. "Rezanje u dijelove" se odnosi na odvajanje životinjske glave i nogu, bokova, stražnjih dijelova i odvajanje iznutrica.

Kada mi služimo voće kao što su lubenice ili jabuke našim nadređenim, mi im ne dajemo cijelo voće; mi ga ogulimo i uljepšamo ga. Isto tako, dajući prinos Bogu, mi ne palimo cijeli prinos nego predstavimo Mu prinos na lijepo organiziran način. Kakvu duhovnu simboliku ima "rezati u dijelove" prinosa?

Prvo, postoji kategorizacija različitih tipova službe koja je ponuđena Bogu. Postoje nedjeljne jutarnje i večernje službe, službe srijedom navečer i cijelonoćne službe petkom. Podjela službi je jednaka "rezanju na dijelove" tih prinosa.

Drugo, podjela sadržaja naših molitvi je jednaka "rezanju na dijelove" prinosa. Generalno, molitva je podijeljena na pokajanje i tjeranje zlih duhova, te onda slijedi molitva zahvalnosti. Onda slijedi tema crkve; gradnja Svetišta; za misionare i crkvene radnike; za izvršavanje dužnosti; za prosperitet duša; za želje srca i završna molitva.

Naravno, mi se možemo moliti dok hodamo ulicom, vozimo

se ili smo na odmoru. Mi možemo imati vremena prijateljstva u tišini dok pričamo o i meditiramo na Boga Našeg Gospoda. Imaj na umu da osim vremena meditacije, imati vremena za zazivati teme molitvi jednu po jednu je jednako važno kao rezati na komade. Bog će onda s radosti prihvatiti naše molitve i brzo odgovoriti.

Treće, "rezati na komade" prinose znači da je Božja Riječ kao cjelina podijeljena u 66 Knjiga. 66 Knjiga Biblije objašnjava u cjelini živog Boga i providnost spasenja kroz Isusa Krista. Ipak, Božja Riječ je podijeljena u individualne knjiga i Njegova Riječ u svakoj knjizi je uparena bez ikakvoga nepodudaranja među njima. Kako je Božja Riječ podijeljena u različite kategorije, Božja volja je prenesena još sistematičnije i za nas je lakše praviti kruh od nje.

Četvrto, i ovo je najvažnije od svega, "rezati na komade" prinos znači sama služba je podijeljena na i sastoji se od raznih dijelova. Molitvu pokajanja prije početka službe slijedi prvo dio, kratko vrijeme meditacija koje priprema i započinje službu, i služba završava sa Gospodovom molitvom ili blagoslovom. U međuvremenu, ne događa se samo proglašavanje Božje Riječi, nego također i posrednička molitva, hvala, čitanje ulomaka, prinosi i drugi dijelovi. Svaki proces nosi svoju važnost i služba po određenom dijelu je jednaka rezanju prinosa u dijelove.

Baš kao što gorenje svih dijelova prinosa završava žrtvu paljenicu, mi se moramo posvetiti potpuno službi od početka do njenog potpunog kraja. Sudionici ne bi trebali stizati kasno ili ustati se i otići tijekom službe da bi odradili osobne poslove osim ako je posve potrebno.

Neki ljudi moraju vršiti određene dužnosti u crkvi, kao što je volontiranje ili služenje kao vratari i u određenim dijelovima napuštanje mjesta može biti dopušteno.

Ljudi mogu željeti doći na vrijeme srijedom navečer ili cijelonoćne službe petkom ali su primorani kasniti zbog posla ili drugih neizbježnih okolnosti. Usprkos tomu, Bog će pogledati u njihova srca i primiti aromu njihove službe.

5) Svećenik pali vatru na oltaru i namješta drva na vatru.

Nakon rezanja prinosa u komade, svećenik mora sve namjestiti na oltaru i zapaliti ih, Zato svećenik ima upute "zapaliti vatru na oltaru i namjestiti drvo na vatru. Ovdje, "vatra" duhovno simbolizira vatru Duha Svetog i "drvo na vatri" se odnosi na kontekst i sadržaj Biblije. Svaka riječ unutar 66 Knjiga Biblije se mora koristiti kao ogrjev. "Namještati drvo na vatru" je, u duhovnom terminu, praviti duhovni kruh od svake riječi sadržaja iz Biblije među radovima Duha Svetog.

Na primjer, po Luki 13:33 Isus kaže, "Jer ne ide, da prorok drugdje nađe smrt negoli u Jerusalemu." Pokušaj da se doslovno shvati ovaj stih je beskoristan, jer mi znamo mnoge ljude Boga, kao što su apostoli Pavao i Petar, koji su umrli "izvan Jeruzalema." Međutim, u tom stihu, "Jeruzalem" se ne odnosi na fizički grad, nego na grad koji nosi Božje srce i volju, koji je "duhovni Jeruzalem," koji je "Božja Riječ." Prema tome, "jer ne ide, da prorok drugdje nađe smrt negoli u Jerusalemu" znači da prorok živi i umire unutar granica Božje Riječi. Shvaćati što mi čitamo u Bibliji i shvaćati poruku propovijedi koju mi slušamo tijekom službi može se dogoditi samo kroz inspiraciju Duha Svetog. Svaki dio Božje Riječi koji je izvan ljudskog znanja, misli i špekulacija može se shvatiti kroz inspiraciju Duha Svetog i tada mi možemo vjerovati u Riječ iz dubine naših srca. U zaključku, mi rastemo duhovno samo kada shvaćamo Božju Riječ sa djelima i inspiracijom Duha Svetog koja rezultira prijenosom Božjeg srca na nas i zakorijenjivanjem u naša srca.

6) Namještanje komada, glave i loja preko drva koje je na vatri koje je na oltaru

Levitski zakonik 1:8 piše, "Onda neka sinovi Aronovi, svećenici, polože komade zajedno s glavom i salom na drva, što su naslagana na ognju na žrtveniku." Za žrtvu paljenicu, svećenik mora namjestiti dijelove koji su odrezani, kao i glavu i loj.

Paljenje glave prinosa označava paljenje svih misli neistina koje izlaze iz naše glave. To je zato što naše misli proizlaze iz glave i većina grijeha počinje u glavi. Ljudi ovog svijeta neće osuditi nekog kao grešnika ako taj grijeh nije prikazan u djelima. Međutim, baš kao što čitamo u 1. Ivanovoj poslanici 3:15 "Svaki, koji mrzi na brata svojega, ubojica je," Bog zove držanje mržnje grijehom.

Isus nas je iskupio od grijeha prije 2000 godina. On nas je

iskupio od grijeha koje smo počinili ne samo sa našim nogama i rukama, nego također i sa našom glavom. Isus je proboden kroz Svoje ruke i noge da bi nas iskupio od grijeha koje smo počinili sa našim rukama i nogama, On je nosio krunu od trnja da bi nas iskupio od grijeha koje smo počinili kroz misli koje proizlaze iz naših glava. Jer su nam već oprošteni grijesi koje smo počinili u našim mislima, mi ne moramo davati Bogu glavu životinje kao prinos. Umjesto glave životinje, mi moramo spržiti naše misli sa vatrom Duha Svetog i mi to moramo činiti tako da odbacujemo misli neistina i mislimo na istinu svo vrijeme.

Kada mi čuvamo istinu svo vrijeme, mi više nećemo čuvati misli neistine ili besposlene misli. Kako Duh Sveti vodi ljude do izbacivanja besposlenih misli, koncentrirajući se na poruku i graviranju u njihova srca tijekom službi, oni će moći ići prema Božjoj duhovnoj službi koju će On prihvatiti.

Nadalje, loj, koje je tvrdo salo na životinji, je izvor energije i sam život. Isus je postao žrtva čak do točke prolijevanja sve Svoje krvi i vode. Kada mi vjerujemo u Isusa kao našeg Gospoda, mi više ne trebamo nuditi Bogu loj životinja.

Ipak, "vjerovati u Gospoda" nije ispunjeno samo ispovijedanjem sa usnama "Ja vjerujem." Ako mi stvarno vjerujemo da nas je Bog iskupio od grijeha, mi moramo odbaciti grijehe, transformirati se sa Riječi Boga i živjeti svetim životima. Čak i u vrijeme službe, mi moramo dati svu našu energiju- naša tijela, srce, volju i najveći trud- i ponuditi Bogu duhovnu službu. Osoba koja iznese svu svoju energiju u službu neće samo skladištiti Božju Riječ u svojoj glavi, nego će ju ostvariti u svojem srcu. Samo kada je Božja Riječ ostvarena u glavi osobe ona može postati život, snaga i blagoslov u duhu i tijelu.

7) Svećenik pere sa vodom iznutrice i noge, te prinosi sve u dim na oltar.

Dok su drugi dijelovi prineseni kakvi jesu, Bog zapovijeda da se iznutrice i noge, nečisti dijelovi životinje, operu i onda prinesu. "Prati sa vodom" se odnosi na pranje nečistoća osobe koja čini prinos. Kakve nečistoće treba prati? Dok su ljudi Starog zavjeta čistili nečistoće prinosa, ljudi Novog zavjeta moraju čistiti nečistoće iz srca.

Po Mateju 15 postoji scena u kojoj farizeji i pismoznanci prekoravaju Isusove učenike zbog jedenja sa nečistim rukama. Njima Isus govori, "Što ulazi u usta, ne čini čovjeka nečistim, nego što izlazi iz usta, to čini čovjeka nečistim" (s. 11). Efekt onog što ulazi u usta završava kad se izbaci; međutim, što izađe iz usta proizlazi iz srca i ima trajan efekt. Kao što Isus nastavlja u stihovima 19-20, "Jer iz srca dolaze zle misli, ubojstvo, preljuba, bludnost, krađa, lažno svjedočanstvo, hula na Boga. To čini čovjeka nečistim; a i neopranim rukama jesti, to ne čini čovjeka nečistim," mi moramo čistiti grijeh i zlo iz srca sa Riječi Boga.

Što je više Riječi Boga ušlo u naša srca, više grijeha i zla će se eliminirati i očistiti iz nas. Na primjer, ako osoba čini kruh ljubavi i živi prema njemu, mržnja će se eliminirati. Ako osoba čini kruh poniznosti, ona će zamijeniti aroganciju. Ako osoba čini kruh istine, laži i prevare će nestati. Što više osoba čini kruh istine i živi prema njoj, to će više grešne prirode ona odbaciti. Prirodno, njena vjera će rasti i doći do mjere ugleda koji pripada punoći Krista. Do mjere njene vjere, Božja moć i autoritet će ju pratiti. Ona neće primiti samo želje svojeg srca, nego će također iskusiti blagoslove u svakom dijelu svojeg života.

Samo nakon što su iznutrice i noge oprane i sve su postavljene na vatru prinos će odavati ugodnu aromu. Levitski zakonik 1:9 definira, "kao žrtvu ognjenu na ugodni miris Gospodu" Kada mi dajemo Bogu duhovnu službu u duhu i istini prema Njegovoj Riječi o žrtvi paljenici, ta služba će biti služba sa vatrom s kojom je Bog zadovoljan i s kojom On može donijeti Svoje odgovore. Naše srce štovanja će biti ugodna aroma pred Bogom i On će biti zadovoljan, On će nam dati prosperitet u svakom aspektu života.

5. Prinos ovaca i koza (Levitski zakonik 1:10-13.)

1) Mlada muška ovca ili koza

Isto kao i kod prinosa bikova, bilo da je ovca ili koza, prinos mora biti mlado muško bez mana. U duhovnim terminima, davati nevin prinos se odnosi na službu pred Bogom sa savršenim srcem označenim sa radosti i zahvalnosti. Bog zapovijeda da se muška životinja prinese i to označava "službu sa čvrstim srcem bez sumnji." Dok se prinosi mogu razlikovati prema financijskim okolnostima svake osobe, stav osobe koja daje prinos uvijek mora biti sveto i savršeno bez obzira na prinos.

2) Prinos mora biti ubijen na sjevernoj strani oltara i svećenik škropi njegovu krv oko četiri strane oltara

Kao što je to slučaj sa prinosom bikova, svrha škropljenja životinjske krvi oko strana oltara je primanje oprosta za grijehe koji su posvuda počinjeni- na istoku, zapadu, sjeveru i jugu. Bog dopušta da se iskupljenje dogodi sa krvi životinja koje Mu je čovjek prinio.

Zašto je Bog zapovjedio da se prinos mora ubiti na sjevernoj strani oltara? "Sjeverno" ili "sjeverna strana" duhovno simbolizira hladnoću i tamu; to je izraz koji se često koristi za nešto što Bog disciplinira ili prekorava i sa čim On nije zadovoljan.

U Jeremiji 1:14-15 mi čitamo,

"Sa sjevera uzavire zlo na sve stanovnike ove zemlje. Jer eto, a sazivljem sva plemena sjevernih kraljevstva", veli Gospod. "Ona dolaze i tabore sva kolika pred vratima Jerusalema, pred svim zidovima njegovim unaokolo, pred svim gradovima Judinim.

U Jeremiji 4:6 Bog nam govori, "Bježite! Ne stajajte, jer šaljem zlo sa sjevera i silno razorenje." Kao što mi vidimo u Bibliji, "sjeverno" označava Božje discipliniranje i prekoravanje, te kao takvo, životinja na koju su preneseni svi grijesi čovjeka mora biti ubijena "na sjevernoj strani," kao simbol kletve.

3) Prinos je izrezan na dijelove sa glavom i salom postavljenim na drvo; iznutrice i noge su oprane sa vodom; sve je prineseno u dimu na oltaru

Na isti način na koji palimo prinos bika, žrtva paljenica ovce ili koze se također može predati Bogu da bismo primili oprost od grijeha koje smo počinili sa glavom, rukama i nogama. Stari zavjet je kao sjena, a Novi zavjet je kao oblik. Bog želi da primimo oprost od grijeha ne samo bazirano na djelima, nego i sa obrezivanjem našeg srca i životom prema Njegovoj Riječi. To znači predati Bogu duhovnu službu sa svim našim tijelom, srcem i voljom, te praviti kruh od Božje Riječi sa inspiracijom Duha Svetog da bismo mogli odbaciti neistine i živjeti prema istini.

6. Prinos ptica (Levitski zakonik 1:14-17.)

1) Grlica ili mladi golub

Golubica je najblaža i najpametnija od svih ptica i dobro sluša ljude. Kako je njihovo meso meko i golubice općenito nude mnoge pogodnosti čovjeku, Bog je zapovjedio da se grlice ili mladi golubovi mogu prinositi. Među golubicama, Bog želi da se prinose mlade golubice jer On želi primiti čist i blag prinos. Te osobine mladih golubica simboliziraju humanost i blagost Isusa koji je postao žrtva,

2) Svećenik donosi prinos na oltar, zavrne ptici glavu, pokida krila ali ih ne presječe; svećenik prinosi u dim na oltaru, dok je krv ocijeđena sa strane oltara

Jer su mlade golubice jako male, one ne mogu biti ubijene i onda izrezane na komade i samo mala količina krvi se može proliti. Iz tog razloga, za razliku od drugih životinja koje su ubijane sa strane oltara sjeverno, vrat im je slomljen i krv je iscijeđena; ovaj dio također uključuje polaganje ruku na glavu golubice. Dok se krv prinosa mora poškropiti oko oltara, ceremonija iskupljenja se događa samo sa cijeđenjem krvi sa strane oltara zbog male količine krvi koju golubica ima.

Nadalje, zbog malog oblika, ako bi se golubica izrezala u komade, postala bi ne prepoznatljiva. Zbog toga je prikazan samo izgled kidanja krila golubiće, ali ne i rezanje krila od tijela. Za ptice, krila su njihov život. Činjenica da su golubici potrgana krila simbolizira da se čovjek potpuno predao pred Bogom, te Mu je čak dao svoj život.

3) Utroba prinosa sa perima se odbacuje pored oltara istočno na mjestu pepela

Prije nego se ptica prinos stavi na vatru kao prinos, ptičja utroba sa perima je otklonjena. Dok se utroba bikova, janjaca i koza ne odbacuje nego pali nakon pranja sa vodom, jako je teško očistiti golubičinu usku utrobu i crijeva, pa je Bogu dopustio da ih se odbacuje. Djelo odbacivanja golubičine utrobe sa perima simbolizira, kao i sa čišćenjem nečistih dijelova bikova i janjad, čišćenje nečistih srca i ponašanja prošlosti u grijehu i zlu sa službom Bogu u duhu i istini.

Ptičja utroba sa perjem se mora odbaciti pored oltara istočno na mjestu pepela. Mi čitamo u Postanku 2:8 da je Bog, "zasadi na istoku vrt u Edenu." Duhovno značenje "istoka" je mjesto ispunjeno svjetlom. Čak i na zemlji na kojoj živimo, istok je smjer iz kojeg se sunce diže i jednom kad se sunce digne, tama noći je protjerana.

Koji je značaj odbacivanja golubičine utrobe i perja pored oltara istočno?

To simbolizira dolazak pred Gospoda, koji je Svjetlo, nakon odbacivanja nečistoća grijeha i zla dajući Bogu žrtvu paljenicu. Kao što čitamo u Poslanici Efežanima 5:13 "A sve, za što se kara, svjetlost objavljuje; jer sve, što se objavljuje, svjetlost je," mi odbacujemo nečistoće grijeha i zla koje smo otkrili i postajemo Božja djeca dolazeći pred Svjetlo. Prema tome, odbacujući nečistoće prinosa na istok duhovno pokazuje kako mi, koji smo živjeli među duhovnom nečistoćom- grijehom i zlom, odbacujemo grijeh i postajemo Božja djeca.

Kroz žrtvu paljenicu bikova, janjaca, koza i ptica, mi sada možemo razumjeti Božju ljubav i pravdu. Bog je zapovjedio žrtvu paljenicu jer je On želio da ljudi Izraela žive svaki trenutak svojih života u direktnoj i intimnoj vezi s Njim tako da Mu uvijek daju žrtve paljenice. Kada se ti toga sjetiš, ja se nadam da ćeš ti služiti u duhu i istini i ne držati samo Gospodov dan svetim, nego odavati Bogu umirujuću aromu svojeg srca svih 365 dana u godini. Tada će Naš Bog koji nam je obećao, "Imaj svoju radost u Gospodu; on će ti ispuniti što ti želi srce" (Psalam 37:4), obasipati nas sa prosperitetom i veličanstvenim blagoslovima gdje god da idemo.

Poglavlje 4

Žrtva prinosa

"Ako netko hoće da prinese Gospodu kao žrtvu prinos, neka bude dar njegov bijelo brašno, što ga mora politi uljem i kadom okaditi."

Levitski zakonik 2:1

1. Značaj žrtve prinosa

Levitski zakonik 2 objašnjava žrtvu prinosa i kako se nudi Bogu kako bi bila živa i sveta žrtva kojom će On biti zadovoljan.

Kao što smo pročitali u Levitskom zakoniku 2:1 "Ako netko hoće da prinese Gospodu kao žrtvu prinos, neka bude dar njegov bijelo brašno" žrtva prinosa je žrtva koja se daje Bogu u obliku fino mljevenih zrna. To je žrtva zahvalnosti Bogu koji nam je dao život i koji nam daje kruh svakodnevni. U današnje vrijeme to označuje žrtvu zahvalnost koju dajemo Bogu tijekom nedjeljnog svetkovanja mise kao zahvalu na zaštiti u proteklom tjednu.

U prinosima koje se daju Bogu potrebno je prolijevanje krvi životinja poput bikova ili janjadi. To je zato što opraštanje naših grijeha kroz prolijevanje krvi životinja osigurava dostavljanje naših molitvi i prošnja do Svetog Boga. Međutim, žrtva žita je žrtva zahvalnica koja ne zahtijeva posebno prolijevanje krvi i prinosi se uz žrtvu paljenicu. Ljudi su davali Bogu svoje prvo voće i druge stvari uz žito koje su ovršili kao žrtvu prinosa za Njegovo davanje sjemena koje su posijali, što im je dao hranu i štitio ih do vremena žetve.

Brašno se najčešće nudi kao žrtva prihoda. Fino brašno, kruh iz pećnice i svježe sazrele glave žita se koriste, sve se žrtve mažu uljem i soli te se dodaju začini. Tada se šačica žrtve daje u dim kako bi se zadovoljilo Boga aromom.

Kao što čitamo u knjizi Izlaska 40:29 "Žrtvenik za žrtve paljenice postavi pred ulaz u Prebivalište Šatora sastanka i prinese na njemu žrtvu paljenicu i prinos, kao što je bio zapovjedio Gospod Mojsiju." Bog je zapovjedio da kada se daje žrtva paljenica da bi se trebala davati i žrtva prihoda. Stoga ćemo tako dati Bogu potpunu duhovnu uslugu slavlja samo kada Mu dajemo žrtvu zahvalnicu na nedjeljnoj misi. Etimologija "žrtva prihoda" je "žrtva" i "dar." Bog ne želi da pohađamo praznoglavo razna misna slavlja nego da demonstriramo u djelima srca zahvalnosti dajući Mu žrtvu zahvalnosti. Iz tog nam razloga govori u 1. poslanici Solunjanima 5:18 "Na svemu zahvaljujte; jer je ovo volja Božja u Kristu Isusu od vas," i po Mateju 6:21 "Jer gdje je blago tvoje, ondje je i srce tvoje."

Zašto moramo zahvaljivati na svemu i davati Bogu žrtvu prihoda? Prvo, cijelo čovječanstvo je bilo na putu uništenja zbog Adamova neposluha ali Bog nam je dao Isusa kao iskupljenje za naše grijehe. Isus nas je iskupio od grijeha i kroz Njega smo dobili vječni život. Budući da je Bog koji je stvorio sve u svemiru, uključujući i čovjeka, naš Otac možemo uživati u autoritetu kao Božja djeca. Dopustio nam je da uživamo u vječnom Nebu pa kako bi mogli raditi nešto bez da Mu se zahvaljujemo?

Bog nam je također dao sunce i kontrolira kiše, vjetrove i samu klimu koju uživamo da možemo požeti obilnu žetvu kroz koju nam daje kruh svagdašnji. Moramo Mu se zahvaljivati.

Nadalje, Bog je taj koji nas štiti od svijeta zla, nepravde, bolesti i obilnih nezgoda. Odgovara na naše molitve koje smo nudili vjerom i On nas uvijek blagoslivlja da vodimo pobjedničke živote. Pa opet kako Mu ne bismo zahvaljivali?

2. Nuđenje žrtve prinosa

U Levitskom zakoniku 2:1 Bog kaže, "Ako netko hoće da prinese Gospodu kao žrtvu prinos, neka bude dar njegov bijelo brašno, što ga mora politi uljem i kadom okaditi." Zrna ponuđena Bogu kao žrtva prinosa moraju biti fino samljevena. Božja zapovijed da zrna koja se nude moraju biti "fina" označava srce kakvim Mu moramo prinositi žrtvu. Kako bi se napravilo fino mljeveno brašno zrno prolazi kroz brojne procese uključujući guljenje, mljevenje i prosijavanje. Svaki od njih zahtjeva puno truda i brige. Tijesto napravljeno od finog brašna je ljepše na pogled i puno ukusnije.

Duhovno značenje iza Božje zapovijedi da žrtva prihoda mora biti "od finog brašna" znači da će Bog prihvatiti žrtvu pripremljenu s najviše brige i u dragosti. On rado prihvaća kada demonstriramo u djelu srce zahvalnosti, ne samo kada zahvaljujemo usnama. Stoga, kada dajemo desetine ili žrtve zahvalnosti mi moramo osigurati da dajemo sa svim svojim srcem tako da ih Bog rado prihvati.

Bog je vladar svih stvari i On zapovijeda čovjeku da Mu daje prinose ali ne zato što Mu nedostaje nečega. On ima moć za povećanje bogatstva svake osobe i za oduzimanje posjeda svake osobe. Razlog iz kojeg Bog želi primiti žrtve od nas je da nas On može blagosloviti još više i obilnije kroz žrtve koje smo Mu dali u vjeri i ljubavi.

Kako nalazimo u 2. poslanici Korinćanima 9:6 "Tko oskudno sije, oskudno će i žeti; a tko u blagoslovima sije, u blagoslovima će i žeti" žeti u skladu s onim što smo posijali je zakon duhovnog svijeta. Pa tako da bi nas mogao obilnije blagosloviti Bog nas uči da Mu dajemo žrtvu zahvalnicu.

Kada vjerujemo u ovu činjenicu i stoga dajemo žrtvu naravno moramo davati svim svojim srcem, baš kao što bi dali Bogu prinos finog brašna, i mi Mu moramo dati dragocjenu žrtvu koja je bezgrešna i čista.

"Fino brašno" također označava Isusovu prirodu i život koje su oboje savršene. Također nas uči da baš kako se trudimo načiniti fino brašno moramo voditi živote rada i poslušnosti.

Kada daju žrtvu prinosa s brašnom od zrnja, nakon miješanja brašna s uljem i pečenja u pećnici ili sipanja u zdjelu ili tavu, ljudi su ih palili na oltaru. Činjenica da se žrtva prihoda prinosila na različite načine označava da je način na koji su ljudi živjeli kao i da je razlog za davanje zahvale različit.

Drugim riječima, uz razloge za koje uvijek dajemo zahvalu

Nedjeljom, moramo zahvaljivati zbog primanja blagoslova ili odgovora na želje svog srca; zato što smo prošli iskušenja ili nevolje; i slično. Međutim, baš kako nam Bog zapovijeda "u svemu daj hvalu," mi moramo tražiti naš razlog za biti zahvalni i u skladu s time zahvaljivati. Tek tada će Bog prihvatiti aromu našeg srca i osigurati da postoje obilni razlozi da dajemo hvalu u svom životu.

3. Prinošenje žrtve prinosa

1) Žrtva prinosa finog brašna s uljem i začinima na njemu

Sipanje ulja na brašno će dopustiti da brašno postane tijesto i pretvori se u odličan kruh, dok će stavljanje začina na kruh poboljšati kvalitetu i izgled žrtve. Kada se to donese svećeniku, on uzme šaku finog brašna i ulja sa svim začinima i zapali na oltaru. Tada se počne širiti umirujuća aroma.

Koji značaj ima sipanje ulja na brašno?

"Ulje" se ovdje odnosi na životinjsku mast ili ulje dobiveno iz biljaka. Miješanje finog brašna s "uljem" označava da moramo dati svaki i najmanji dio svoje energije - sav svoj život - u davanje žrtve Bogu. Kada slavimo Boga ili Mu dajemo žrtvu, Bog nam daje inspiraciju i puninu Duha Svetog i dopušta nam voditi živote u kojima imamo direktno i intimno prijateljstvo s Njim. Sipanje ulja simbolizira da kada dajemo nešto Bogu moramo Mu to davati svim svojim srcem.

Što znači kada stavljamo začine na prinos?

Čitamo u Poslanici Rimljanima 5:7, "Jer jedva tko umre za pravednika; za dobroga može biti da bi se tko usudio umrijeti." Ipak, u skladu s Božjom voljom Isus je umro za nas, koji nismo ni pravedni ni dobri nego grešni. Kako je umirujuća aroma bila Isusova ljubav za Boga? Ovako je Isus uništio autoritet smrti, uskrsnuo, sjedio s desne Bogu, postao kralj kraljeva i postao stvarno neprocjenjiva aroma pred Bogom.

Poslanica Efežanima 5:2 nas potiče, "...I živite u ljubavi kao što je i Krist ljubio nas i predao sebe za nas kao prinos i žrtvu Bogu na ugodni miris." Kada je Isus prinesen Bogu kao žrtva On je bio kao prinos na koji su stavljeni začini. Stoga kako smo primili Božju ljubav, mi se moramo ponuditi kao miris i ugodna aroma baš kako je to Isus učinio.

"Stavljanje začina na fino brašno" znači da baš kako je Isus povećavao Boga ugodnom aromom kroz Svoju prirodu i djela, mi moramo živjeti po Božjoj Riječi svim svojim srcem i povećati Ga odašiljući aromu Krista. Tek kada ponudimo Bogu žrtvu zahvale odašiljući aromu Krista ta će žrtva biti vrijedna Božjeg prihvaćanja.

2) Bez dodavanja kvasca ili meda

U Levitskom zakoniku 2:11 piše, "Ni jedan prinos, što ga prinosite Gospodu, ne smije biti pripravljen s kvascem, jer ne smijete kvasac ili med prinijeti Gospodu kao ognjenu žrtvu." Bog je zapovjedio da se ne dodaje kvasac u kruh koji se nudi Bogu jer baš kao što kvasac fermentira tijesto od brašna, duhovni "kvasac" će također izobličiti i uništiti prinos.

Nepromjenjivi i savršeni Bog želi da naš prinos ostane neiskvaren i ponuđen Njemu kao samo fino brašno - iz dubina našeg srca. Stoga, kada prinosimo žrtvu moramo davati s nepromjenjivim, čistim i neokaljanim srcem i uz zahvalnost prema, ljubav za i vjeru u Boga.

Kada prinose žrtvu neki ljudi misle na to kako ih drugi gledaju i daju iz formalnosti. Drugi daju sa srcem punim tuge i brige. Ipak, kako nas je Isus upozorio protiv kvasca farizeja koji je bio licemjerje, ako prinosimo dok se pretvaramo da smo sveti samo izvana i tražimo prepoznavanje drugih, naše srce će biti kao žrtva okaljana kvascem i neće imati nikakve veze s Bogom.

Stoga, moramo prinositi bez kvasca i iz dubine našeg srca u ljubavi prema i zahvalnosti Bogu. Ne smijemo prinositi nevoljko ili uz tugu i zabrinutost bez vjere. Moramo obilno prinositi uz čvrstu vjeru u Boga koji će prihvatiti naše prinose i blagosloviti nas u duhu i u tijelu. Da bi nas naučio duhovnom značenju, Bog je zapovjedio da prinos ne smije biti napravljen s kvascem.

Postoji vrijeme kada nam Bog dopušta prinose napravljene s kvascem. Ovi prinosi se ne pale nego svećenik maše naprijed i nazad prema oltaru kako bi označio prinos Bogu te ih nosi ljudima kako bi podijelili i pojeli. Ovo se zove "prinosi mahanjem," u koje je, za razliku od žrtve prinosa dopušteno dodati kvasac kada se procedura promijenila.

Na primjer, ljudi vjere će dolaziti na mise ne samo nedjeljom nego i drugim danima. Kada ljudi slabe vjere pohađaju nedjeljne mise ali ne petkom ili četvrtkom navečer, Bog ih neće smatrati grešnicima. U vidu procedure, dok nedjeljna misa slijedi strogi redoslijed, mise s članovima zajednice ili u domovima članova crkve, iako također slijede osnovnu strukturu koja se sastoji od poruke, molitve i slavlja, procedura se može podesiti u skladu s okolnostima. Dok se posti na osnovna i neophodna pravila, činjenica da Bog dopušta mjesta za fleksibilnost ovisno o okolnostima ili razini vjere je duhovna važnost prinosa napravljenih s kvascem.

Zašto Bog brani dodavanje meda?

Baš kao kvasac, med može pokvariti svojstva finog brašna. Med se ovdje odnosi na slatki sirup koji se dobiva od soka datulja u Palestini te on može lako fermentirati i istrunuti. Iz ovog je razloga Bog zabranio kvarenje integriteta brašna dodavanjem meda. On nam također govori da kada Božja djeca slave ili Mu daju prinose moraju to raditi sa savršenim srcem koje ne vara niti se mijenja.

Ljudi možda misle da će dodavanje meda poboljšati izgled prinosa. Bez obzira koliko nešto dobro izgleda čovjeku Bog je zadovoljan kada primi ono što je zapovjedio i ono što Mu je čovjek obećao. Neki ljudi prvo obećaju nešto određenu Bogu, ali kada se okolnosti promjene oni se predomisle i daju nešto drugo. Ipak, Bog prezire kada se ljudi predomisle u vezi nečega što je zapovjedio ili se predomisle u vezi nečega što su obećali kako bi dobili osobnu korist kada se uključe djela Duha Svetoga. Stog, ako osoba obeća žrtvovati životinju ona bi trebala obavezno prinijeti Bogu kako je zapisano u Levitskom zakoniku 27:9-10 gdje piše, "Ako je živinče, što se može žrtvovati Gospodu, onda sve, što netko daje Gospodu, ima da vrijedi kao posvećeno. On ne smije to promijeniti ili zamijeniti, dobar komad za loš, loš za dobar. Ako ipak živinče zamijeni drugim, onda jedno i drugo ima da pripadne Svetištu."

Bog želi da dajemo čistim srce ne samo kod prinosa nego u svemu. Ako postoji oklijevanje ili prijevara u srcu osobe, to će se prikazati kao neprihvatljivo ponašanje prema Bogu.

Na primjer, kralj Saul je zanemario Božje zapovjedi i promijenio ih kako mu se sviđalo. Posljedično je bio neposlušan prema Bogu. Bog je zapovjedio Saulu da uništi Amalečkog kralja, sve ljude i životinje. Nakon što je pobijedio u ratu s Božjom snagom Saul nije slijedio Božje zapovjedi. On je poštedio i vratio Amalečkog kralja Agaga i najbolje životinje. Čak i nakon što je ukoren Saul se nije pokajao i ostao je neposlušan te je na kraju odbačen od Boga.

Brojevi 23:19 nam kažu, "Nije Bog kao čovjek, da laže, nije

kao sin čovječji da se kaje." Kako bismo bili užitak Bogu naše se srce prvo mora transformirati u čisto srce. Bez obzira koliko nešto dobro izgleda čovjeku u njegovim mislima, on ne bi smio učiniti što je Bog zabranio i to se ne smije promijeniti čak ni prolaskom vremena. Kada čovjek sluša Božju volju čistim srcem i bez promjene Bog je oduševljen. On prihvaća njegove prinose i blagoslivlja ga.

Levitski zakonik 2:12 kaže, "Kao žrtvu od prvina možete ih prinijeti Gospodu, ali na žrtvenik ne smiju doći na ugodni miris." Žrtva mora biti ugodne arome koju će Bog rado prihvatiti. Ovdje Bog govori da žrtva prihoda ne smije biti stavljena na oltar samo iz razloga da bude zapaljena i da otpušta aromu. Svrha davanja žrtve prihoda nije u djelu nego u prinošenju arome našeg srca Bogu.

Bez obzira koliko je dobrih stvari prineseno ako nije prineseno s dobrim srcem s kojim će Bog biti zadovoljan to može biti ugodna aroma čovjeku ali ne i Bogu. Ovo slično kao kada djeca daju svojim roditeljima dar srcem punim zahvalnosti i ljubavi zbog toga što su ih rodili i odgojili u ljubavi, ne samo iz formalnosti, to će biti izvor istinske sreće za roditelje.

Na isti način, Bog ne želi da prinosimo iz navike i uvjeravamo se "Učinio sam što sam trebao," nego da širimo miris srca punog vjere, nade i ljubavi.

3) Začinjeno solju

Čitamo u Levitskom zakoniku 2:13, "Sve prinose svoje moraš osoliti. Nikada ne smije sol zavjeta s Bogom tvojim uzmanjkati kod prinosa tvojega. Kod svih prinosa svojih moraš prinijeti sol." Sol se utopi u hranu i sprječava kvarenje te hrana ima ugodan okus.

"Začinjeno solju" duhovno označava "pomirenje." Baš kako bi se sol utopila u hranu kako bi se začinila, ulogu soli po kojoj se možemo pomiriti igra smrt. Stoga, Božja zapovijed da se žrtva prihoda mora začiniti solju znači da moramo davati prinose Bogu žrtvujući sebe kako bi se pomirili.

Da bismo ovo ostvarili moramo prvo prihvatiti Isusa Krista i biti u miru s Bogom boreći se do krvi da odbacimo grijeh, zlo, požudu i stare sebe.

Pretpostavimo da netko svojevoljno počini grijeh koji Bog smatra užasnim i tada daje Bogu prinos bez pokajanja za svoje grijehe. Bog ne može rado prihvatiti prinos jer je mir između osobe i Boga već slomljen. Zato je pisac psalama napisao "Da sam nosio u srcu svojem bezakonje, nikad me ne bi uslišio Svemogući" (Psalam 66:18). Bog će rado prihvatiti ne samo naše molitve nego i naše prinose tek kada se odmaknemo od grijeha, pomirimo se s Njim i prinesemo Mu žrtvu.

Pomiriti se s Bogom zahtjeva da svaka osoba učini žrtvu smrti. Baš kako je apostol Pavao priznao, "umirem dnevno," tek kada osoba zaniječe sebe i učini žrtvu smrti može se pomiriti s

Bogom. Također moramo biti u miru s našom braćom i sestrama u vjeri. Isus nam govori u Mateju 5:23-24, "Ako dakle prineseš dar svoj k žrtveniku i ondje se sjetiš, da brat tvoj ima nešto proti tebi, ostavi ondje dar svoj pred žrtvenikom, otidi prije i pomiri se s bratom svojim; onda dođi i žrtvuj dar svoj!" Bog neće rado prihvatiti naše prinose ako činimo grijeh, ako djelujemo po zlu i mučimo svoju braću i sestre u Kristu.

Čak ni ako je brat učinio nešto zlo nama, ne smijemo ga mrziti ili gunđati protiv njega nego moramo mu oprostiti i pomiriti se s njim. Bez obzira na razlog ne smijemo biti u razmiricama s, niti nanositi bol niti uzrokovati posrnuće naše braće i sestara u Kristu. Tek kada se pomirimo sa svim ljudima i naša se srca ispune Duhom Svetim, radošću i zahvalnošću naši će prinosi biti "začinjeni solju."

Također, u Božjoj zapovijedi "začinjeno solju" je središnje značenje zavjeta kao što pronalazimo u "sol zavjeta tvog Boga." Sol se izvlači iz oceana a ta voda označava Božju Riječ. Baš kao što sol uvijek daje slani okus tako se ni zavjet Božje Riječi nikada ne mijenja.

"Začiniti solju" prihode koje dajemo znači da moramo vjerovati u nepromjenjivi zavjet Boga i davati cijelim srcem. Kada dajemo žrtvu zahvalnicu moramo vjerovati da će Bog sigurno prepoznati sav naš trud koji smo uložili u žrtvu i blagosloviti nas

30, 60 i 100 puta više nego smo dali.

Neki ljudi kažu, "Ja dajem ne očekujući primanje blagoslova nego samo zato." Ipak, Bog je zadovoljniji vjerom osobe koja ponizno traži Njegov blagoslov. Poslanica Hebrejima 11 nam govori kada se Mojsije odrekao mjesta princa Egipta, on je "tražio nagradu" koju će mu Bog dati. Našem Isusu, koji je također tražio nagradu, nije smetala poruga na križu. Gledajući veliki plod - slavu koju je Bog poslao na Njega i spasenje čovječanstva - Isus je jednostavno mogao izdržati nevjerojatnu kaznu križa.

Naravno, "traženje nagrade" je potpuno drugačije od kalkulirajućeg srca koje očekuje primanje nečega zauzvrat jer je dalo već nešto. Čak i da ne postoji nagrada, osoba koja voli Boga je spremna dati svoj vlastiti život. Međutim, shvaćajući srce Našeg Oca Boga koji ga želi blagosloviti i vjerujući u Božju snagu, kada netko traži blagoslov, djelo će još više udovoljiti Bogu. Bog je obećao da će čovjek požeti što je posijao i da će On dati onima koji traže. Bog je zadovoljan našim davanjem prinosa u našoj vjeri u Njegovu Riječ, kao i s našom vjerom kojom Ga tražimo blagoslove u skladu s Njegovim obećanjem.

4) Ostatak žrtve prihoda pripada Aaronu i Njegovim Sinovima

Kada se žrtva paljenica u svojoj cijelosti prinese na oltaru, žrtva prihoda se donosi svećeniku i samo dio nje se nudi Bogu u obliku dima na oltaru. Ovo znači da iako potpuno dajemo Bogu različito slavlje, žrtva zahvalnosti - žrtva prihoda - se daje Bogu tako da se koristi za Božje kraljevstvo i pravednost, a njihovi dijelovi se koriste za svećenike koji su današnji sluge Gospoda i radnici u crkvi. Kao što nam poslanica Galaćanima 6:6 kaže, "A koji se uči riječi, neka dijeli od svakoga dobra onome, koji ga uči," kada članovi crkve koji su primili milost od Boga daju žrtvu zahvalnicu, Božji sluge koji uče Riječ dijele žrtvu zahvalnicu.

Žrtva prinosa se daje Bogu uz žrtvu paljenicu i služi kao model života služenja kakav je Sam Krist vodio. Stoga, moramo vjerom davati prinose s našim srcem i potpuno. Nadam se da će svaki čitatelj slaviti na način koji je ispravan po Božjoj volji i primiti obilje blagoslova svaki dan dajući Bogu ugodne prinose s kojima će On biti zadovoljan.

Poglavlje 5

Prinos mira

"Hoće li netko da prinese kao žrtvu mirotvornu goveda, neka žrtvuje mušku ili žensku, bez pogrješke životinju."

Levitski zakonik 3:1

1. Značaj prinosa mira

U Levitskom zakoniku 3 su statuti koji se odnose na mirotvornu žrtvu. Prinos mira uključuje klanje životinje koje je bez mane, prskanje njene krvi oko oltara i prinošenje njene masti na oltaru Bogu kao ugodnu aromu. Dok je procedura prinošenja prinosa mira slična žrtvi paljenici postoje brojne razlike. Neki ljudi krivo shvaćaju svrhu prinosa mira i misle da je to način primanja oprosta grijeha; primarna svrha prinosa krivnje i prinosa grijeha je oprost grijeha.

Prinos mira je prinos koje je cilj postizanje mira između Boga i nas te s njime ljudi izražavaju zahvalnost, čine zavjete s Bogom i daju svojevoljno Bogu. Odvojeno se nudi kada su nam oprošteni grijesi kroz prinos grijeha i žrtvu paljenicu te sada imamo direktan i intiman odnos s Bogom, cilj prinosa mira je pomirenje s Bogom tako da možemo cijelim srcem vjerovati Bogu u svakom dijelu svog života.

Dok se žrtva prihoda opisana u Levitskom zakoniku 2 smatra žrtvom zahvale, to je konvencionalni prinos zahvalnosti dan iz zahvalnosti prema Bogu koji nas je spasio, koji nas štiti i daje nam kruh svagdašnji te je različita od prinosa mira i zahvalnosti koja je prikazana u njemu. Uz prinose zahvalnosti koje dajemo u nedjelju, dajemo odvojene prinose zahvalnosti kada postoje posebni razlozi da budemo zahvalni. U prinose mira su prinosi koji su svojevoljno dani Bogu kako bi se odvojili i držali sveti kako bismo živjeli po Božjoj Riječi i kako bismo od Njega primili želje svog srca.

Dok prinosi mira donose višestruko značenje, najosnovnija svrha je da bismo bili u miru s Bogom. Jednom kada smo u miru s Bogom On nam daje snagu po kojoj možemo živjeti po istini, odgovore na želje našeg srca i daje nam milost po kojoj možemo ispuniti sve zavjete koje smo učinili Njemu.

1. Ivanova poslanica 3:21-22 govori, "Ljubljeni, ako nas srce ne kori, imamo pouzdanje u Boga, i štogod molimo, primamo od njega, jer zapovijedi njegove držimo i činimo, što je njemu ugodno." Kada postanemo samouvjereni pred Bogom tako što živimo po istini, bit ćemo u miru s Njim i doživljavati Njegova djela u svemu što Ga tražimo. Ako Mu još više udovoljimo dajući posebne prinose, možeš li zamisliti koliko će nam brže Bog odgovoriti i blagosloviti nas?

Stoga je od presudne važnosti da ispravno razumijemo značenje žrtve prinosa i prinosa mira te razlikujemo prinose za žrtvu prinosa od prinosa za prinose mira tako da će Bog rado prihvatiti naše prinose.

2. Nuđenje prinosa mira

Bog nam kaže u Levitskom zakoniku 3:1 "Hoće li netko da prinese kao žrtvu mirotvornu goveda, neka žrtvuje mušku ili žensku, bez pogrješke životinju." Bez obzira budimo li kao prinos mira janje ili kozu i bez obzira je li muško ili žensko mora biti bez greške (Levitski zakonik 3:6, 12).

Žrtva koja se prinosi kao žrtva paljenica mora biti muški bik ili janje bez greške. Ovo je zato što savršena žrtva za žrtvu paljenicu - za duhovno slavljenje - označava Isusa Krista, bezgrešnog Sina Boga.

Međutim, kada dajemo prinos mira Bogu kako bi se pomirili s Njim, nema potrebe razlikovati muško od ženskog sve dok je bez greške. To da nema razlike u muškom i ženskom u davanju prinosa mira dolazi iz Poslanice Rimljanima 5:1: "Opravdani dakle vjerom imamo mir s Bogom po Gospodinu našemu Isusu Kristu." U ostvarivanju mira s Bogom po djelima Isusove krvi na križu, ne postoji razlika između muškog i ženskog.

Kada nam Bog zapovijedi da prinos mora biti "bez greške," On želi da Mu dajemo ne slomljenim duhom nego srcem prekrasnog djeteta. Ne smijemo davati mrzovoljno niti tražiti prepoznavanje drugih nego dobrovoljno i s vjerom. Ima smisla dati bezgrešnu žrtvu kada dajemo zahvalu za Božju milost spasenja. Prinos koji se daje Bogu tako da Mu možemo vjerovati u svakom aspektu života tako da On može biti s nama i štititi nas svo vrijeme i da možemo živjeti u skladu s Njegovom voljom, mora biti najbolji koji možemo dati s najvećom brigom i svim svojim srcem.

Kada se uspoređuje žrtva paljenica i prinos mira postoji

zanimljiva činjenica koju valja primijetiti: golubice su isključene iz prinosa mira. Zašto je to tako? Bez obzira koliko je osoba siromašna mora prinijeti žrtvu paljenicu i zato je Bog dopustio prinošenje golubica koje su ekstremno jeftine.

Na primjer, kada novi vjernik u Kristu uz slabu, malu vjeru samo pohađa nedjeljnu misu, Bog to smatra žrtvom paljenicom. Dok se cijela žrtva paljenica daje Bogu kada vjernik živi potpuno po Božjoj Riječi, održava direktan i intiman odnos s Bogom i slavi u duhu i istini, u slučaju novog vjernika koji samo svetkuje dan Gospodnji, Bog će to smatrati kao žrtvovanje golubice niske vrijednosti kao žrtve paljenice i povesti ga putem spasenja.

Međutim, prinos mira nije neophodno davanje nego dobrovoljno. Daje se Bogu da bi čovjek primio odgovore na blagoslove i udovoljio Bogu. Ako bi se dala golubica male vrijednosti, to bi izgubilo svako značenje i svrhu posebnog prinosa i zato su golubice isključene.

Pretpostavimo da osoba želi dati prinos u ispunjenje zakletve, duboke želje ili za primanje izlječenja od neizlječive ili smrtonosne bolesti. S kakvim bi se srcem takav prinos trebao davati? Trebao bi se pripremati još punijim srcem nego žrtva zahvale koja se daje redovito. Bog će biti najzadovoljniji ako Mu prinesemo bika ili, ovisno o okolnostima čovjeka, ako Mu prinesemo kravu ili janje ili kozu, ali vrijednost golubice je previše beznačajna.

Naravno, nije istina da je "vrijednost" ovisna potpuno o monetarnoj vrijednosti. Kada svaka osoba priprema prinose punim srcem i mislima te s puno brige u skladu sa svojim mogućnostima, Bog će procijeniti vrijednost prinosa ovisno o duhovnoj aromi oko nje.

3. Davanje prinosa mira

1) Stavljanje ruke na glavu prinosa mira i klanje na vratima šatora susreta

Ako osoba koja dovede žrtvu stavi svoju ruku na njenu glavu na vratima šatora susreta, ta osoba prenosi svoje grijehe na životinju. Kada osoba koja daje prinos mira stavi svoju ruku na prinos, ona odvaja tu životinju kao prinos koji će se dati Bogu i tako je pomazuje.

Kako bi naš prinos na koji stavljamo ruke bio ugodan Bogu ne smijemo određivati iznos u skladu s tjelesnim mislima nego u skladu s inspiracijom Duha Svetog. Tek će takav prinos biti rado prihvaćen, odvojen i pomazan.

Nakon postavljanja ruke na glavu prinosa, osoba koja prinosi kolje žrtvu na pragu šatora susreta. Tijekom starog zavjeta samo su svećenici mogli ući u Svetište te su ljudi klali životinje na pragu šatora susreta. Međutim, kako je zid grijeha koji je stajao na našem putu do Boga uništen preko Isusa Krista mi danas možemo ući u svetište, slaviti Boga i imati direktan i intiman odnos s Njim.

2) Aaronovi sinovi svećenici prskaju krv oko oltara

Levitski zakonik 17:11 nam kaže, "Jer život tijela u krvi je, i samo vam je na žrtveniku dopuštam na pomirenje za duše vaše; krv naime pribavlja pomirenje, jer je život u njoj" Poslanica Hebrejima 9:22 također kaže "I gotovo sve se krvlju čisti po zakonu, i bez proljevanja krvi nema oproštenja" i podsjeća nas da se samo preko krvi možemo pročistiti. U davanju prinosa mira Bogu za direktan i intiman duhovni odnos s Bogom neophodno je prskanje krvi jer mi, čiji je odnos s Bogom prerezan ne možemo nikada biti u miru s Njim bez djela krvi Isusa Krista.

Svećenikovo prskanje krivi oko oltara označava da gdje god išli i gdje god nas noge nosile i bez obzira na okolnosti u kojima se nađemo ostvaruje se mir s Bogom. Kako bi se simboliziralo da je Bog uvijek uz nas, hoda s nama, štiti nas i blagoslivlja nas gdje god išli, što god radili i s kim god da smo, krv se prska oko oltara.

3) Od prinosa mira prinos se predstavlja vatrom GOSPODU

Levitski zakonik 3 objašnjava metode za prinos ne samo bikova nego i janjadi i koza kao prinos mira. Budući da su metode skoro iste mi ćemo se usredotočiti na prinošenje bikova kao prinosa mira. Uspoređujući prinos mira sa žrtvom paljenicom, znamo da se svi dijelovi ogoljene žrtve daju Bogu. Značaj žrtve paljenice je u duhovnom slavlju i kako se slavlje potpuno daje Bogu tako je i prinos potpuno spaljen.

Međutim u prinosu mira ne daju se svi dijelovi prinosa. Kao

što piše u Levitskom zakoniku 3:3-4, "salo, što pokriva drob, i sve salo na drobu; Obadva bubrega sa salom, što je na slabinama, i mrežicu, što je na jetrima: neka to izvadi s bubrezima." masnoća koja pokriva važne dijelove životinjskih iznutrica se daje Bogu kao ugodna aroma. Davanje sala različitih dijelova životinje označava da moramo biti u miru s Bogom bez obzira gdje smo i bez obzira na okolnosti u kojima se nalazimo. Biti u miru s Bogom također zahtjeva da budemo u miru sa svim ljudima i tražimo svetost. Tek kada smo u miru sa svim ljudima možemo postati savršeni kao Božja djeca (po Mateju 5:46-48).

Nakon što se ukloni salo iz prinosa koji se daju Bogu, uklanjaju se dijelovi koji su rezervirani za svećenike. Čitamo u Levitsko zakoniku 7:34, "Jer grudi primicanja i odmicanja i stegno podizanja uzimam od sinova Izraelovih kao svoj dio na mirotvornim žrtvama njihovim i dajem ih svećeniku Aronu i sinovima njegovim kao vječno dužnu pristojbu od strane sinova Izraelovih." Baš kao što su dijelovi žrtve prinosa rezervirani za svećenike isti su tako dijelovi prinosa mira koje ljudi daju Bogu rezervirani za život svećenika i Levita koji služe Bogu i Njegovim ljudima.

Isto je i u vrijeme Novog Zavjeta. Kroz prihode koje vjernici daju Bogu, Božji rad za spas duša se izvršava i održava se život službenika Gospodnjih i crkvenih radnika. Nakon što se uklone dijelovi za Boga i za svećenike, ostatak konzumiraju ljudi koji su donijeli prinos; to je jedinstvena karakteristika prinosa mira. To da osoba koja je donijela prinos konzumira svoj prinos označava da će Bog pokazati dostojnost prinosa i Svoj užitak kroz dokaz odgovora i blagoslova.

4. Statut masti i krvi

Kada se ubije životinja koja se daje kao prinos Bogu svećenik prska njenu krv na oltar. Nadalje, budući da sav loj i salo pripada Gospodu smatraju se svete i nude se u dim na oltaru kao ugodna aroma koja udovoljava Bogu. Ljudi u Starozavjetno vrijeme nisu jeli masnoću ni krv jer je mast i krv povezana sa životom. Krv predstavlja život tijela a mast, kao esencija tijela je isto kao i život. Salo olakšava održavanje operacija i aktivnosti života.

Koju duhovnu važnost predstavlja "mast"?

"Mast" primarno označava najveću brigu koja je savršenog srca. Davanje masti u prinosu vatre znači da dajemo Bogu svime što imamo i sve što jesmo. Odnosi se na najveću brigu i puno srce kojim se daju prinosi vrijedni Božjeg prihvaćanja. Dok je sadržaj u davanju žrtve zahvalnice na oltaru kako bismo postigli mir udovoljavajući Bogu ili davanju sebe Bogu važan, čak je i važnija vrsta srca i stupanj brige kojom se daje prinos. Ako osoba koja je počinila grijeh prema Bogu čini žrtvu kako bi bila u miru s Njim, ta se žrtva mora napraviti s većim uvjerenjem i savršenijim srcem.

Naravno, oproštenje grijeha zahtjeva davanje prinosa grijeha ili krivnje. Međutim postoje vremena kada se netko nada i ide preko primanja jednostavnog oprosta grijeha nego želi pravi mir s Bogom udovoljavajući Mu. Na primjer, kada dijete napravi nešto krivo protiv oca i jako rani njegovo srce, očevo srce se može izliječiti i postići pravi mir između oca i djeteta ako dijete učini sve kako bi udovoljilo ocu umjesto da samo kaže da mu je žao i primi oprost za greške.

Nadalje, "masnoća" se odnosi na molitvu i punoću Duha Svetog. Po Mateju 25 je opisano pet mudrih djevica koje su uzele ulje sa svojim lampama i pet budalastih djevica koje nisu ponijele ulje te im je zato odbijen ulazak na vjenčanje. Ovdje "ulje" duhovno označava molitvu i punoću Duha Svetog. Tek kada primimo punoću Duha Svetog kroz molitve i probudimo se možemo izbjeći svjetovne požude i čekati Našeg Gospoda, mladoženju nakon što se priredimo kao Njegove prekrasne mlade.

Molitva mora dolaziti s prinosom mira koji se daje Gospodu kako bi smo Mu udovoljili i primili Njegove odgovore. Ta molitva ne smije biti samo formalnost; mora se nuditi svim našim srcima, svime što imamo i svime što jesmo, baš kao što je Isusov znoj postao kapljice krvi, koje su pale na zemlju kada se molio u Getsemani. Svako tko se moli na ovaj način će se sigurno boriti i odbaciti grijeh, postati posvećen i primiti inspiraciju odozgo i punoću Duha Svetog. Kada takva osoba daje Bogu prinos mira, On će biti zadovoljan i dati brzo Svoje odgovore.

Prinos mira je prinos koji se daje Bogu u potpunom povjerenju tako da možemo voditi vrijedne živote u Njegovoj prisutnosti i pod Njegovom zaštitom. Kada se mirimo s Bogom moramo se okrenuti od svojih djela koje su neugodne u Njegovom pogledu; moramo davati prinose svojim srcem i sretni te primiti punoću Duha Svetog kroz molitvu. Tada ćemo postati puni nade za Nebo i voditi uspješne živote tako što smo se pomirili s Bogom. Nadam se da će svaki čitatelj uvijek primiti Božje odgovore i blagoslove molitvom u inspiraciji i punoći Duha Svetog sa svim svojim srcem i davati Mu prinose mira koji su ugodni u Njegovom pogledu.

Poglavlje 6

Prinos grijeha

"Ako se netko nehotice ogriješi o kojugod zapovijed Gospodnju i nešto učini, to je zabranjeno, onda valjaju ovi propisi: Ako svećenik pomazani učini grijeh, po kojemu krivnja pada i na narod, to on ima žrtvovati Gospodu za grijeh, što ga je učinio, junca bez pogrješke kao žrtvu za grijeh"

Levitski zakonik 4:2-3

1. Značaj i tipovi prinosa grijeha

Preko vjere u Isusa Krista i djela Njegove krvi oprošteni su nam svi naši grijesi i došli smo do spasenja. Međutim, da bi naša vjera bila priznata kao prava, ne trebamo samo priznavati usnama, "ja vjerujem" nego demonstrirati to u djelima i istini. Kada pred Bogom pokažemo dokaze djela vjere koje će Bog prepoznati, On će vidjeti tu vjeru i oprostiti nam naše grijehe. Kako možemo primiti oprost grijeha vjerom? Naravno, svako dijete Boga mora uvijek hodati u svjetlu i nikad ne griješiti. Ipak, ako postoji zid između Boga i vjernika koji je počinio grijeh dok još nije bio savršen, on treba znati rješenje i ponašati se u skladu s tim. Rješenja se nalaze u Božjoj Riječi koja se odnosi na prinos grijeha.

Prinos grijeha je, kao što smo pročitali, prinos koji se daje Bogu za iskupljenje grijeha koje smo počinili u svom životu, a metoda varira u skladu s našim dužnostima i individualnom mjerom vjere. Levitski zakonik 4 razmatra prinos grijeha kojeg prinosi pomazani svećenik, cijela zajednica, vođa i obični ljudi.

2. Prinos grijeha pomazanog svećenika

Bog govori Mojsiju u Levitskom zakoniku 4:2-3 "Kaži sinovima Izraelovim ovu odredbu: 'Ako se netko nehotice ogriješi o kojugod zapovijed Gospodnju i nešto učini, to je zabranjeno, onda valjaju ovi propisi: Ako svećenik pomazani učini grijeh, po kojemu krivnja pada i na narod, to on ima žrtvovati Gospodu za grijeh, što ga je učinio, junca bez pogrješke kao žrtvu za grijeh.'" Ovdje se "sinovi Izraelovi" duhovno odnosi na svu djecu Božju. Vremena kada "se netko nehotice ogriješi o kojugod zapovijed Gospodnju i nešto učini, to je zabranjeno" su vremena kada se prekršio Božji zakon koji se nalazi u Njegovoj Riječi koja je zapisana u 66 Knjiga Biblije, tj. bilo napravljeno ono "što je zabranjeno". Kada svećenik koji uči i naviješta Božju Riječ prekrši Božji zakon, plaća za grijeh dosegne čak i ljude. Budući da nije učio svoje stadu u skladu s istinom ili nije živio po njoj sam njegov grijeh je velik; čak iako je grijeh počinio nesvjesno, bez obzira to je ekstremno sramotno da svećenik ne razumije Božju volju.

Na primjer, ako svećenik neispravno uči istinu stado, njegovo stado će vjerovati njegovim riječima; prkositi Božjoj riječi; i cijela će crkva sagraditi zid grijeha pred Bogom. On nam je rekao, "Budite sveti," "Odmaknite se od svakog oblika grijeha" i "Molite bez prestanka." Što bi se dogodilo da svećenik kaže, "Isus nas je otkupio od svih naših grijeha. Tako da smo spašeni ako idemo u crkvu"? Kao što nam Isus kaže po Mateju 15:14, "kad slijepac vodi slijepca, oba padnu u jamu" cijena grijeha svećenika je veća jer će se i svećenik i stado udaljiti od Boga. Ako svećenik tako griješi "da dovede krivnju na svoj narod" on mora ponuditi Bogu prinos grijeha.

1) Bik bez greške kao žrtva za prinos grijeha

Kada pomazani svećenik griješi to je kao da donosi krivnju na svoj narod i on mora znati da je plaća za njegov grijeh velika. U 1. Samuelovoj 2-4 otkrivamo što se dogodilo kada su sinovi svećenika Elija počinili grijeh uzimajući prinose koji su dani Bogu za vlastito bogaćenje. Kada je Izrael izgubio rat protiv Filistejaca, Elijevi sinovi su ubijeni i 30000 Izraelskih vojnika je izgubilo svije živote. Samo time što su dopustili da savez s Bogom bude narušen cijeli Izrael je podložen patnji.

Zato žrtva za iskupljenje mora biti najvrjednija od svih: bik bez greške. Među svim žrtvama, Bog najradije prihvaća bikove i janjce a vrijednost bikova je veća. Za prinos grijeha, svećenik mora prinijeti ne bilo kakvog bika nego bika bez greške; ovo duhovno označava da prinos ne smije biti dan sa negodovanjem ni nesretno; svaki prinos mora biti potpuna žrtva.

2) Davanje prinosa grijeha

Neka on dovede junca na ulaz u Šator sastanka pred Gospoda, neka položi ruku svoju juncu na glavu i zakolje junca pred Gospodom. Onda neka uzme svećenik pomazani nešto od krvi junčeve i unese je u Šator sastanka. Svećenik neka umoči prst svoj u krv i neka nešto od krvi sedam puta poškropi pred Gospoda prema zavjesi Svetišta (Levitski zakonik 4:4-6). Postavljanje ruke na glavu bika označava prenošenje ljudskih grijeha na životinju. Iako osoba koja je počinila grijeh treba umrijeti, postavljajući ruku na glavu prinosa osoba prima oprost za svoje grijehe prebacujući grijehe na životinju i zatim ubijajući tu životinju.

Svećenik zatim treba uzeti malo krvi, umočiti prst u nju i posipa po Svetištu u šatoru sastanka ispred zavjese Svetišta. "Zavjesa svetišta" je debela zavjesa koja dijeli Svetište od Presvetog. Prinosi su generalno dane ne unutar Svetišta nego na oltaru u dvoru hrama; međutim, svećenik ulazi u Svetište sa krvi prinosa i škropi je pred velom Svetišta, baš ispred Presvetog u kojem Bog boravi.

Umakanje prsta u krv simbolizira djelo molitve za oprost. To simbolizira da se osoba ne kaje samo sa usnama ili sa zavjetom, nego također rađa plodove pokajanja sa stvarnim odbacivanjem grijeha i zla. Umakanje prsta u krv i prskanje "sedam puta"- "sedam" je savršen broj u duhovnom svijetu- označava da je osoba potpuno odbacila svoje grijehe. Osoba može primiti savršen oprost samo kada je ona potpuno odbacila svoje grijeh i više ne griješi.

Svećenik također stavlja nešto krvi na rogove oltara mirisnog tamjana pred GOSPODA u šatoru sastanka i prolijeva svu krv kod temelja oltara žrtve paljenice na ulazu u šator sastanka (Levitski zakonik 4:7). Oltar mirisnog tamjana- oltar tamjana- je oltar pripremljen za paljenje tamjana; kada je tamjan zapaljen, Bog prihvaća taj tamjan. Nadalje, rogovi u Bibliji predstavljaju kralja i njegovo dostojanstvo i autoritet; oni se odnose na Kralja, našeg Boga (Otkrivenje 5;6). Stavljati krv na rogove oltara mirisnog tamjana služi kao znak da je Bog naš Kralj prihvatio prinos. Sada, kako se mi danas možemo pokajati na način koji će Bog prihvatiti? Ranije je spomenuto da su grijeh i zlo odbačeni umakanjem prsta u krv prinosa grijeha i prskanjem. Nakon refleksije i pokajanja grijeha, mi moramo doći u svetište i ispovjediti naše grijehe u molitvi. Baš kao što je krv prinosa stavljena na rogove da bi ju Bog prihvatio, mi moramo doći pred autoritet našeg Boga kralja i ponuditi Mu molitvu pokajanja. Mi moramo doći u svetište, kleknuti i moliti se u me Isusa Krista usred radova Duha Svetog koji dopušta da duh pokajanja dođe na nas.

To ne znači da mi moramo čekati dok ne dođemo do svetišta da bismo se pokajali. U trenutku u kojem znamo da smo zgriješili protiv Boga, mi se odmah moramo pokajati i okrenuti od naših putova. Ovdje, dolazak u svetište se tiče Subote, Gospodovog dana.

Dok su samo pomazani svećenici mogli komunicirati sa Bogom u vrijeme Starog zavjeta, kako je Duh Sveti napravio prebivalište u srcu svakog od nas, mi se danas možemo moliti i imati direktnu i intimnu vezu sa Bogom usred radova Duha Svetog. Molitva pokajanja se također može ponuditi sama među radovima Duha Svetog. Međutim, imaj na umu da su sve molitve učinjene cijelima držanjem Gospodovog dana svetim.

Osoba koja ne drži Gospodov dan svetim nema duhovno dokaza da je on dijete Boga i on ne može primiti oprost čak i ako se sam moli u pokajanju. Pokajanje Bog prihvaća bez dvoumljenja ne samo kada se osoba moli u pokajanju sama nakon što je shvatila svoje grijehe, nego također kada ona formalno ponudi molitvu pokajanja ponovno u Božjem svetištu na Gospodov dan. Nakon što je krv stavljena na rogove oltara mirisnog tamjana, sva krv je prolivena na temelje oltara žrtve paljenice. Ovo je djelo potpunog prinosa krvi Bogu, što je život prinosa i duhovno označava da smo se mi pokajali sa potpuno posvećenim srcem. Primiti oprost od grijeha koji su počinjeni protiv Boga zahtjeva da se pokajanje ponudi sa svim našim srcem, umom, našim velikim i iskrenim trudom. Svatko tko je dao Bogu iskreno pokajanje neće se usuditi počiniti isti grijeh pred Bogom.

Slijedeće, svećenik otklanja od prinosa grijeha, bika, svu mast i prinosi ju u dim na oltaru žrtve paljenice, isti proces kao sa prinosom mira, i donosi izvan kampa gdje se pepeo prosipa i pali kožu, sve bikovo meso sa glavom, nogama i iznutricama (Levitski zakonik 4:8-12). "Prinositi u dim" označava da je u istini, osobin ego uništen i samo istina preživljava.

Baš kao što je mast sa prinosa mira uklonjena, mast sa prinosa grijeha je također uklonjena i prinesena u dim na oltaru. Prinos bikove masti u dim na oltaru nam govori da samo pokajanje ponuđeno sa svim našim srcem, umom i krajnosti će Bog prihvatiti.

Dok su svi dijelovi prinosa u žrtvi paljenici prineseni u dim na oltaru, u prinosu grijeha svi dijelovi osim masti i bubrega su zapaljeni na drvetu u vatri izvan kampa gdje se pepel prosipa. Zašto je to tako?

Žrtva paljenica je duhovna služba kojoj je cilj udovoljiti Bogu i ostvariti prijateljstvo s Njim, ponuđena je u dim na oltaru hrama. Međutim, pošto je prinos grijeha za iskupljenje od nečistih grijeha, ne može se ponuditi u dim na oltaru unutar hrama i potpuno je spaljena na mjestu podalje od mjesta gdje ljudi žive.

Čak i danas, mi moramo pokušavati potpuno odbaciti grijehe od kojih smo se pokajali pred Bogom. Moramo zapaliti vatrom Duha Svetog aroganciju, ponos, starog sebe iz vremena u ovom svijetu, djela grešnog tijela koja su neispravna pred Bogom, i slično. Žrtva prinesena u dimu- bik- je prikazan sa grijesima osobe koja je položila ruke na njega. Prema tome, od te točke na dalje, ta osoba mora doći naprijed kao živi prinos sa kojom je Bog zadovoljan.

Do tog kraja, što moramo činiti danas?

Duhovni značaj između karakteristika bika koji je prinos i onih Isusa, koji je umro da bi nas iskupio od grijeha, su ranije objašnjeni. Prema tome, ako smo se pokajali i ponudili u dim sve dijelove prinosa, od te točke na dalje, baš kao prinos dan Bogu, mi se moramo pretvoriti na isti način kao što je naš Gospod postao prinos grijeha. Marljivo služeći članovima crkve u korist našeg Gospoda, mi moramo dopustiti vjernicima istovariti svoje terete i dati im samo istinu i dobre stvari. Posvetivši se asistiranju naših članova crkve sa kultiviranjem svojim poljima srca u suzama, ustrajnosti i molitvi, mi moramo pretvoriti našu braću i sestre u pravu, posvećenu djecu Boga. Bog će tada smatrati pokajanje ispravnim i voditi nas do puta blagoslova.

Iako mi nismo svećenici, kao što čitamo u 1. Petrovoj poslanici 2:9, "A vi ste rod izabrani, kraljevsko svećenstvo, sveti narod, puk dobitka," svi mi koji vjerujemo u Gospoda moramo postati savršeni kao svećenici i postati Božja prava djeca.

Nadalje, prinos dan Bogu mora pratiti pokajanje kada vršimo iskupljenje za grijehe. Svatko tko se duboko kaje i žali zbog svojih pogrešaka će prirodno ići dati prinos, i kada je takvo djelo popraćeno sa ovakvom vrstom srca to se može smatrati traženjem potpunog pokajanja pred Bogom.

3. Prinos grijeha cijele zajednice

"Ako li bi sva zajednica sinova Izraelovih nehotice sagriješila, a da ne bi bila tomu svjesna, pa bi prestupila kojugod zabranu Gospodnju i tako upala u krivnju; Onda zajednica, kad se dozna za grijeh, što ga je učinila, ima prinijeti junca kao žrtvu za grijeh i dovesti ga pred Šator sastanka" (Levitski zakonik 4:13-14).

U današnjim terminima. "grijeh cijele zajednice" se odnosi na grijehe cijele crkve. Na primjer, postoje slučajevi kada su frakcije osnovane unutar crkve među svećenicima, starješinama, starijim đakonima i muče cijelu zajednicu. Jedna frakcija stvori i počinje svađe, onda crkva kao cjelina završi u grijehu i stvaraju visoki zid grijeha pred Bogom jer je većina članova crkve upletena u svađu, govore loše ili imaju loše osjećaje jedni prema drugima. Čak nam je i Bog rekao da volimo svoje neprijatelje, služimo drugima, ponizimo se, da budemo u miru sa svim ljudima i progonimo svetost. Kako je sramotno i žalosno za Boga da se sluge Gospoda i njega stada u svađu ili ako se braća i sestre u Kristu protive jedni drugima? Ako se takvi događaji dogode unutar crkve, oni neće primiti Božju zaštitu, neće biti oživljenja i poteškoće će slijediti članove u kući i na poslu.

Kako mi možemo primiti oprost od grijeha za cijelu zajednicu? Kada spoznamo grijeh cijele zajednice, to znači donošenje bika pred šator sastanka. Starješine polažu svoje ruke na glavu prinosa, ubijaju ga pred GOSPODOM i prinose ga Bogu na isti način kao svećenikov prinos grijeha. Žrtva u prinosu grijeha za svećenike i cijelu zajednicu je jednaka u vrijednosti i dragocjenosti. To znači da u Božjem vidu, je ista težina grijeha koju su počinili svećenici i cijela zajednica.

Ipak, dok će žrtva u prinosu grijeha svećenika biti muški bik bez mana, žrtva u prinosu grijeha cijele zajednice mora biti muški bik. To je zbog toga što nije lako za cijelu zajednicu biti jednog srca i činiti prinos u radosti i zahvalnosti.

Kada crkva danas kao cjelina griješi i želi se pokajati, moguće je da među njenim članovima ima ljudi koji nemaju vjere ili ljudi koji se odbijaju pokajati sa nelagodom u svojem srcu. Pošto nije lako za cijelu zajednicu dati Mu prinos bez mane, Bog pokazuje

Svoju milost u tom slučaju. Čak i ako nekoliko ljudi ne može dati prinos sa cijelim srce, kada se većina članova crkve pokaje i okrene sa svojih putova, Bog će primiti prinos grijeha i oprostiti.

Jer ne može svaki član zajednici položiti svoje ruke na glavu prinosa, starješina zajednice, u ime cijele zajednice, polaže svoje ruke kada cijela zajednica daje Bogu prinos grijeha.

Ostatak procesa je jednak onom svećenikovom prinosu grijeha u svim stupnjevima od svećenikovog umakanja prsta u krv prinosa, prskanja sedam puta ispred zavjese Svetišta, stavljanja nešto krvi na rogove oltara mirisnog tamjana i paljenja ostatka dijelova prinosa izvan kampa. Duhovna važnost tih procedura je u potpunom okretanju od grijeha. Mi također moramo ponuditi molitvu u pokajanju u ime Isusa Krista i sa radom Duha Svetog u Božjem svetištu tako da se pokajanje službeno prihvati. Nakon što se cijela zajednica pokajala sa jednim srcem u ovom obliku, grijeh se ne bi smio nikad ponoviti.

4. Vođin prinos grijeha

U Levitskom zakoniku 4:22-24 mi čitamo,

"Sagriješi li poglavar, što nehotice prestupi kojugod zabranu Gospoda, Boga svojega, i tako padne u krivnju, onda neka donese, kad dozna za prijestup, što ga je skrivio, kao prinos jarca, bez pogrješke. Neka položi ruku svoju jarcu na glavu i neka ga zakolje ondje, gdje se pred Gospodom kolju životinje za žrtve paljenice. Tako je to žrtva za grijeh."

Dok su nižeg ranga od svećenika, "vođe" su u poziciji vodstva i u drugoj klasi od običnih ljudi. Prema tome, vođe prinose Bogu muške koze. To je manje od muškog bika kojeg svećenici prinose ali veće od ženske koze koju prinose obični ljudi kao prinos grijeha.

U današnjim terminima, "vođe" unutar crkve su vođe tima ili ćelije ili učitelji vjeronauka. Vođe su oni koji služe na poziciji vodstva za članove crkve. Za razliku od laika ili novaka u vjeru, oni su ostavljeni sa strane pred Bogom i kao takvi, čak i ako su počinili isti grijeh, vođe moraju dati Bogu veći plod pokajanja.

U prošlosti, vođa je polagao svoju ruku na glavu muške koze bez prijenosa svojih grijeha na kozu i onda ju je on ubijao pred Bogom. Vođa dobiva oprost kada svećenik umoči svoj prst u krv, stavi ga na rogove oltara žrtava paljenica i izlije ostatak krvi prinosa na temelje oltara žrtava paljenica. Kao što je slučaj sa prinosom mira, prinosa masnoća se prinosi u dim na oltaru.

Za razliku od svećenika, vođa ne prska krv prinosa sedam puta ispred zavjese Svetišta; kada on prikaže svoje pokajanje tako što stavlja krv na rogove oltara žrtava paljenica Bog to prihvaća. To je zato što se mjera vjere razlikuje između svećenika i vođe. Jer svećenik nikad ne smije griješiti nakon pokajanja, on mora prskati krv prinosa sedam puta, savršen broj u duhovnom smislu.

Međutim, vođa može nesvjesno počiniti grijeh opet i iz toga razloga njemu nije zapovjeđeno prskati krv prinosa sedam puta.

To je znak ljubavi i milosti Boga, koji želi primiti pokajanje od svake osobe prema njegovom ili njenom nivou vjere i dodijeliti oprost. Do sada u raspravama prinosa grijeha, "svećenika" smo odnosili kao "poslanik" i "vođu" kao "radnika na poziciji vodstva," Međutim, te reference nisu ograničene samo na Bogom dane dužnosti unutar crkve, nego se također odnose na mjeru vjere svakog vjernika.

Poslanik bi trebao biti posvećen sa vjerom i onda povjeren sa vođenjem stada vjernika. Posve je prirodno da vjera nekog na poziciji vodstva, kao što je vođa tima ili ćelije ili učitelj vjeronauka, bude na drugačijem nivou od običnog vjernika čak i ako on još nije ostvario savršenu svetost. Kako se vjera razlikuje od poslanika do vođe i običnog vjernika, značaj grijeha i nivo pokajanja koji Bog traži za prihvaćanje su drugačiji ako svi oni počine jednak grijeh.

To ne znači da je dopustivo da vjernik misli, "Pošto moja vjera još nije savršena, Bog će mi dati još jednu šansu bez obzira koji grijeh kasnije počinim" i onda se pokaje sa takvim srcem. Oprost od Boga kroz pokajanje neće biti primljen kada osoba zna i svjesno počini grijeh, ali kada osoba nesvjesno počini grijeh i kasnije shvati što je zgriješila i prema tome traži oprost. Nadalje, kada je ona počinila grijeh i pokajala se, Bog će prihvatiti to pokajanje samo kada ona učini svaki trud sa vatrenom molitvom da nikad ne počini istri grijeh.

5. Prinos grijeha običnih ljudi

"Obični ljudi" su ljudi male vjere, ili obični članovi crkve. Kada obični ljudi počine grijeh, oni to čine sa stajališta male vjere i prema tome teret njihovih prinosa grijeha je manji od svećenikovog ili vođinog. Obična osoba prinosi Bogu kao prinos grijeha žensku kozu, što je manje u značaju od muške koze, bez mane. Kao što je slučaj sa prinosom grijeha koju svećenik ili vođa čine, svećenik uranja svoj prst u krv žrtve prinosa grijeha obične osobe, stavi je na rogove oltara žrtve paljenice i izlije ostatak na oltar.

Dok postoji šansa da će obična osoba opet griješiti kasnije zbog svoje male vjere, ako ona žali i kida svoje srce u pokajanju nakon počinjenja grijeha, Bog će pokazati suosjećanje i oprostiti joj. Nadalje, na način koji Bog zapovijeda da se "ženska koza" prinese, mi možemo reći da su grijesi koje čini ovaj nivo lakši za oprost od grijeha za koje se prinosi muška koza ili janje. To ne znači da Bog prihvaća umjereno pokajanje; osoba mora prikazati Bogu pravo pokajanje, ustrajna da nikad više ne griješi.

Kada osoba sa malo vjere shvati i pokaje se svojih grijeha i čini svaki napor nikad ne počiniti isti grijeh opet, učestalost sa kojom će ona griješiti će se smanjiti od deset puta na pet, pa na tri i ona će u konačnici moći potpuno odbaciti grijeh. Bog prihvaća pokajanje koje prati plod. On neće prihvatiti pokajanje čak i od novog vjernika ako se to pokajanje sastoji samo od usana bez okretanja srca.

Bog će se radovati i obožavati će novaka u vjeri koji se odmah pokaje zbog svojih grijeha kadgod ih shvati i marljivo ih odbacuje. Umjesto da se uvjerava, "Ovolika je moja vjera, pa je ovo dovoljno za mene," ne samo u pokajanju ali i u vjeri, službi i svakom drugom aspektu života u Kristu, osoba mora pokušavati ići preko svojih kapaciteta, on će dobiti prelijevajuću ljubav i blagoslove od Boga.

Kada si osoba ne može priuštiti žensku kozu i prema tome daje janje, janje također mora biti žensko bez mane (Levitski zakonik 4:32). Siromašni daju dvije golubice ili dva mlada goluba, a siromašniji daju malu količinu finog brašna (Levitski zakonik 5:7, 11). Bog pravde prema tome svrstava i prihvaća prinose grijeha prema mjeri vjere svake osobe.

Do sada smo raspravili kako se pokajati i pomiriti sa Bogom ispitujući prinose grijeha koje Mu daju ljudi iz različitih rangova i sa različitim dužnostima. Ja se nadam da će svaki čitatelj napraviti mir sa Bogom tako da uvijek provjerava svoje Bogom dane dužnosti i stanje svoje vjere, kao i da će se temeljito pokajati od svih mana i grijeha kad god se zid grijeha nađe na njegovom putu do Boga.

Poglavlje 7

Prinos krivnje

"Ako netko pronevjeri nešto i nepromišljeno se ogriješi o stvari, što su posvećene Gospodu, neka prinese Gospodu žrtvu za grijeh od sitne stoke ovna bez pogrješke, koji po procjeni tvojoj vrijedi najmanje dva šekela srebra po težini Svetišta."

Levitski zakonik 5:15

1. Značajnost prinosa krivnje

Prinos krivnje se daje Bogu da bi napraviti obeštećenje zbog počinjenog grijeha. Kada ljudi Boga griješe protiv Njega, oni Mu moraju ponuditi prinos krivnje i pokajati se pred Njim. Međutim u ovisnosti o tipu grijeha, osoba koje je počinila grijeh ne smije se samo okrenuti svoje srce od grešnih putova, nego ona također mora preuzeti odgovornost za svoje greške.

Na primjer, osoba je posudila predmet koji pripada njenom prijatelju i slučajno ga je oštetila. Tu, osoba ne može samo reći, "Žao mi je." Ona se ne može samo ispričati nego također mora nadoknaditi taj predmet za prijatelja. Ako osoba nije u mogućnosti nadoknaditi na bilo kakav način za predmet kojeg je uništila, ona mora platiti svojem prijatelju jednaku količinu za njegov gubitak. To je istinsko pokajanje.

Davati prinos krivnje predstavlja stvaranje mira dajući nadoknadu ili preuzimajući odgovornost za pogreške. Isto se primjenjuje na pokajanje pred Bogom. Baš kao što moramo nadoknaditi štetu koju smo nanijeli braći i sestrama u Kristu, mi Mu moramo pokazati djela ispravnog pokajanja nakon što smo griješili protiv Njega da bi naše pokajanje bilo cijelo.

2. Okolnosti i metode žrtvovanja prinosa krivnje

1) Nakon davanja lažnog svjedočanstva

Levitski zakonik 5:1 nam govori, "Ako netko sagriješi time, da čuje poziv na svjedočenje i mogao bi da bude svjedok, jer je sam vidio ili je inače saznao, pa ipak ne prijavi, krivnju nosi na sebi." Postoje slučajevi kada ljudi, čak i kad su se zakleli govoriti istinu, čine lažno svjedočanstvo kada su njihovi interesi u opasnosti. Na primjer, pretpostavimo da je tvoje dijete počinilo zločin i nevina osoba je optužena za zločin. Ako ti svjedočiš, vjeruješ li da ćeš dati ispravno svjedočanstvo? Ako šutiš da bi zaštitio svoje dijete, prema tome štetiš drugima, ljudi ne moraju znati istinu ali Bog gleda nad svim. Prema tome, svjedok mora svjedočiti upravo ono što je on ili ona vidio i čuo da bi osigurao fer suđenje, tako da nitko neće ne zasluženo patiti.

Isto je i u našem svakodnevnom životu. Mnogi ljudi ne mogu ispravno prenijeti što su vidjeli ili čuli i prema svojem vlastitom sudu oni prenose pogrešne informacije. Drugi pak daju lažno svjedočanstvo tako da izmišljaju priče kao da su zapravo vidjeli nešto što nisu. Zbog takvih pogrešnih svjedočanstava, nevini ljudi su greškom osuđeni za zločine koje nisu počinili i nepravedno pate. Mi pronalazimo u Jakovljevoj poslanici 4:17, "Jer tko zna dobro činiti i ne čini grijeh mu je." Božja djeca koja znaju istinu moraju razabrati sa istinom i dati ispravno svjedočanstvo tako da se drugi neće pronaći u poteškoćama ili kao objekti štete.

Ako su se dobrota i istina nastanili u našim srcima, mi ćemo uvijek pričati istinito o svemu. Nećemo loše pričati ili kriviti bilo koga drugog, izvrtati istinu, ili davati nevažne odgovore. Ako je netko oštetio druge izbjegavajući davanje izjave kada je to potrebno ili čini lažno svjedočanstvo, on mora dati Bogu prinos krivnje.

2) Nakon dolaska u kontakt sa nečistim stvarima
Mi čitamo u Levitskom zakoniku 5:2-3,

Ili ako se netko dotakne nečega nečista, strvine od nečiste zvijeri ili strvine od nečiste kućne životinje, ili strvine od nečiste životinje, što gmiže, a da tomu nije svijestan, nečist je i kriv je.

Ili ako se dotakne nečistoće čovječje, bilo kakvagod nečistoća, kojom se može onečistiti, a da tomu nije svijestan, kriv je, kad to sazna.

Ovdje, "bilo koja nečista stvar" se duhovno odnosi na svo neistinito ponašanje koje je protiv istine. Takvo ponašanje obuhvaća sve što se vidi, čuje ili govori, kao i stvari koje se osjete sa tijelom i srcem. Postoje stvari koje smo smatrali da nisu grešne prije znanja istine. Nakon što smo spoznali istinu, mi smo počeli smatrati da su neke stvari neispravne u Božjem vidu. Na primjer, kada mi nismo znali Boga, mi smo mogli doći do nasilja i takvih opscenih materijala kao što je pornografija ali u to vrijeme nismo shvaćali da su te stvari nečiste. Međutim, nakon što smo počeli naše živote u Kristu, mi smo naučili da su takve stvari protiv istine. Jednom kad smo shvatili da smo činili stvari koje se smatraju nečistima kada ih mjerimo sa istinom, mi se moramo pokajati i prinijeti Bogu naše prinose krivnje.

Međutim, čak i u našim životima u Kristu, postoje vremena

kada nevoljko vidimo ili čujemo zle stvari. Bilo bi dobro kad bismo mogli štiti naša srca čak i kad vidimo ili čujemo takve stvari. Ipak, jer postoji mogućnosti da vjernik ne može zaštiti svoje srce nego prihvatiti osjećaje koji idu uz nečiste stvari, on se mora odmah pokajati nakon što shvati svoj grijeh i ponuditi Bogu prinos krivnje.

3) Nakon zaklinjanja

Levitski zakonik 5:4, "Ili ako se netko zaklinje nepromišljeno, da će učiniti dobro ili zlo, pa bilo kojagod stvar, za koju se zaklinje nepromišljeno, a da tomu nije svijestan, kad to sazna, kriv je za svaku od tih riječi." Bog nam je zabranio zaklinjati se "činiti zlo ili činiti dobro."

Zašto nam Bog zabranjuje zaklinjati se, činiti zavjet ili prisegu? Prirodno je da nam Bog zabranjuje zaklinjati se "činiti zlo," ali On nam također zabranjuje zaklinjati se "činiti dobro" jer čovjek nije u mogućnosti držati 100% ono u što se zaklinje (Po Mateju 5:33-34; Jakovljeva poslanica 5:12). Dok on nije postao savršen sa istinom, čovjekovo srce može se njihati prema njegovim uvjerenjima i emocijama, te se on ne drži onoga u što se zakleo. Nadalje, postoje vremena kada se neprijatelj vrag i Sotona upliću u život vjernika i sprječavaju ih u ispunjavanju svojih zavjeta tako da mogu stvoriti uvjete donošenja optužbi na vjernike. Smatraj ovo ekstremnim primjerom: Pretpostavimo da se netko zakleo, "Učinit ću to sutra," ali iznenada je danas umro. Kako on može ispuniti svoju zakletvu?

Iz tog razloga, osoba se nikad ne smije zaklinjati činiti zlo, te čak i ako napravi zavjet činiti dobro, umjesto zaklinjanja, ona se mora moliti Bogu i tražiti snagu. Na primjer, ako se osoba zavjetovala moliti bez prestanka, umjesto zavjeta, "Ja ću doći na noćne molitvene sastanke svaki dan," ona bi se trebala moliti, "Bože, molim te pomozi mi moliti se bez prestanka i štiti me od utjecaja neprijatelja vraga i Sotone," Ako se netko prebrzo zakleo, on se mora pokajati i prinijeti Bogu prinos krivnje.

Ako postoji grijeh u bilo kojoj od tri okolnosti iznad, onda osoba mora, "Ako bude dakle kriv za koju od tih stvari, neka prizna, u čemu je pogriješio. I neka tada dovede Gospodu prinosnicu za prijestup, što ga je učinio, žensko od sitne stoke, ovcu ili kozu, kao žrtvu za grijeh. Svećenik neka mu tim pribavi pomirenje za prijestup njegov" (Levitski zakonik 5:6).

Ovdje, davanje prinosa grijeha je zapovjeđeno zajedno sa objašnjenjem prinosa krivnje. To je zato što zbog grijeha za kojeg se prinos krivnje mora prinijeti, prijenos grijeha se također mora dati. Prinos grijeh, kao što je ranije objašnjeno, je iskupljenje pred Bogom nakon grijeha i potpuno okretanje od tog grijeha. Ipak, također je objašnjeno da kada grijeh traži ne samo okretanje srca od grešnih putova nego također preuzimanje odgovornosti, prinos krivnje čini svoje pokajanje savršenim kada on daje naknadu za gubitak, ozljedu ili preuzima odgovornost kroz određena djela.

U takvim okolnosti, osoba ne smije napraviti samo obeštećenje nego također mora prinijeti Bogu prinos krivnje kojeg prati prinos grijeha i ona se također mora pokajati pred

Bogom. Čak i ako je osoba činila greške protiv druge osobe, pošto je ona počinila grijeh kojeg nije smjela počiniti kao dijete Boga ona se također mora pokajati pred njenim nebeskim Ocem.

Pretpostavimo da je čovjek prevario svoju sestru i preuzeo imovinu koja pripada njoj. Ako se brat želi pokajati, on prvo mora pokidati svoje srce u pokajanju pred Bogom i odbaciti pohlepu i prevaru. On onda mora primiti oprost od svoje sestre protiv koje se ogriješio. Sada, on se ne smije samo ispričati sa svojim usnama nego mora dati obeštećenje za gubitak koji je njegova sestra propatila zbog njegovih djela. Ovdje, čovjekov "prinos grijeha" je djelo okretanja od njegovih grešnih putova i pokajanje pred Bogom, a njegov "prinos krivnje" je djelo pokajanja traženja oprosta od svoje sestre i čineći obeštećenje i kompenzaciju za njen gubitak.

U Levitskom zakoniku 5:6 Bog zapovijeda da u davanju prinosa grijeha kojeg prati prinos krivnje, žensko janje ili koza se moraju prinijeti. U slijedećem stihu, mi čitamo da svatko tko si ne može priuštiti janje ili kozu mora prinijeti dvije golubice ili dva mlada goluba kao žrtvu krivnje. Imaj na umu da su dvije ptice prinos. Jedna je dana kao prinos grijeha a druga kao žrtva paljenica.

Zašto je Bog zapovjedio da se žrtva paljenica prinese u isto vrijeme kao prinos grijeha sa dvije golubice ili dva mlada goluba? Žrtva paljenica predstavlja držanje Subote svetom. U duhovnoj službi to je prinos službe učinjene Bogu nedjeljom. Prema tome, raniji prinos dvije golubice ili dva mlada goluba kao prinos grijeha zajedno sa žrtvom paljenicom govori nam da je čovjekovo pokajanje učinjeno savršenim sa držanjem Gospodovog dana svetim. Savršeno pokajanje traži samo jedno pokajanje u trenutku kada on shvati da je griješio, ali također i njegovu ispovijed grijeha i pokajanje u Božjem svetištu na Gospodov dan.

Ako je osoba tako siromašna da ne može prinijeti čak ni dvije golubice ili dva mlada goluba, ona onda mora prinijeti Bogu desetinu efa (mjera od otprilike 22 litre, ili 5 galona) finog brašna kao prinos. Prinos grijeha se treba napraviti sa životinjom kao žrtvu oprosta. Ali, u Svojoj milosti Bog je dopustio da siromašni, koji Mu ne mogu prinijeti životinju, prinose Mu brašno tako da mogu dobiti oprost svojih grijeha.

Postoji razlika između prinosa grijeha sa brašnom i žrtve prinosa dano sa brašnom. Dok se ulje i tamjan dodaju žrtvi prinosa da bi se učinila mirisnom i bogatijom, ulje i tamjan se ne dodaju prinosu grijeha. Zašto je to tako? Paljenje prinosa iskupljenja nosi isto značenje kao paljenje grijeha.

Činjenica da se ulje ili tamjan ne dodaju u brašno, kada se duhovno gleda, govori nam o stavu čovjeka koji dolazi pred Boga zbog pokajanja. 1. Kraljevima 21:27 govori nam o kralju Ahabu koji se pokajavao pred Bogom, "razdrije haljine svoje, stavi odjeću pokorničku oko gologa tijela i postio je. On je dapače spavao u odjeći pokorničkoj i zabrinut povlačio se okolo." Kada osoba kida svoje srce u pokajanju, ona će se normalno ponašati, održavati samokontrolu i poniziti se. Ona će paziti što priča i način na koji se ponaša i pokazati Bogu da ona pokušava živjeti život odmjerenosti.

4) Nakon grijeha protiv svetih stvari ili uzrokovanje gubitka braći u Kristu

U Levitskom zakoniku 5:15-15 mi čitamo,

Ako netko pronevjeri nešto i nepromišljeno se ogriješi o stvari, što su posvećene Gospodu, neka prinese Gospodu žrtvu za grijeh od sitne stoke ovna bez pogrješke, koji po procjeni tvojoj vrijedi najmanje dva šekela srebra po težini Svetišta. Iznos, za koji je oštetio Svetište, ima nadoknaditi i još peti dio iznosa priložiti i predati svećeniku Kad mu je svećenik prinesenim ovnom na žrtvu za prijestup pribavio pomirenje, bit će mu oprošteno.

"GOSPODOVE svete stvari" se odnose na Božje svetište ili sve stvari unutar Božjeg svetišta. Ne može ni svećenik ili osoba koja je dala prinos uzeti, koristiti ili prodati kako želi stvar koja je ostavljena za Boga i prema tome se smatra svetom. Nadalje, stvari koje moramo držati svetima nisu ograničene sa "svete stvari" nego se primjenjuju na cijelo svetište. Svetište je mjesto koje je Bog ostavio sa strane i gdje je On postavio Svoje ime.

U svetištu se ne smiju izgovarati svjetovne ili neistinite riječi. Vjernici koji su roditelji također moraju dobro učiti svoju djecu tako da ne trče ili se igraju; čine zbunjujuću buku; čine nečistoću ili nered, ili oštećuju svete stvari u svetištu.

Ako su Božje svete stvari oštećene u nezgodi, osoba koja je uništila predmet mora zamijeniti sa predmetom koji je bolji, savršeniji i bez mana. Nadalje, restitucija ne smije biti količina ili cijena oštećenog predmeta, nego se "petina" dodaje na prinos krivnje. Bog nam je također zapovjedio da bismo se iskupili mi moramo djelovati sa prihvaćanjem i sa samokontrolom. Bez obzira jesmo li mi došli u kontakt sa svetim stvarima, mi uvijek moramo biti na oprezu i suzdržavati se tako da ne koristimo pogrešno ili oštetimo stvari koje su Božje. Ako mi napravimo slučajno štetu zbog naše nepažnje, mi se moramo pokajati iz dubine našeg srca i restituirati količinu ili cijenu oštećenog predmeta.

Levitski zakonik 6:2-5 nam govori o načinima sa kojima osoba može dobiti oprost od grijeha jer je, "da utaji bližnjemu svojemu nešto povjereno ili izručeno ili ukradeno, ili prevari bližnjega svojega," ili "nađe izgubljeno, pa utaji, ili se krivo zakune za kojugod stvar." Ovo je način pokajanja za pogreške koje je osoba počinila prije vjerovanja u Boga i da se pokaje i primi oprost nakon što sama shvati da je nesvjesno uzela predmet koji pripada nekom drugom.

Da bi se iskupila od tog grijeha, izvornom vlasniku se ne smije vratiti samo taj predmet nego i dodatna "petina" cijene tog predmeta. Ovdje, "petina" ne mora značiti da se dio odlučuje numerički. To znači da kad osoba prikaže djela pokajanja, to mora izlaziti iz dubine njenog srca. Onda će joj Bog oprostiti grijehe. Na primjer, postoje slučajevi kada se ne mogu sve pogreške u prošlosti individualno zbrojiti i ispravno isplatiti. U takvim slučajevima, sve što osoba mora učiti je marljivo prikazivati djela pokajanja od te točke naprijed. Sa novcem kojeg je ona zaradila na poslu, ona može marljivo davati za Božje kraljevstvo ili davati financijsko olakšanje potrebitim ljudima. Kada ona sagradi takva djela pokajanja, Bog će prepoznati njeno srce i oprostiti joj sve grijehe.

Imaj na umu da je pokajanje najvažniji sastojak u prinosu krivnje ili prinosu grijeha. Bog ne želi od nas ugojeno tele nego pokajnički duh (Psalam 51:17). Prema tome, u službi Bogu, mi moramo pokajati naše grijeh i zlo iz dubine našeg srca i rađati odgovarajući plod. Ja se nadam da kako ti prinosiš Bogu službu i prinose na način koji Mu je ugodan i svoj život kao živi prinos koji Mu je prihvatljiv, uvijek hodaj među Njegovom prelijevajućom ljubavi i blagoslovima.

Poglavlje 8

Prikaži svoje tijelo za živu i svetu žrtvu

"Zaklinjem vas dakle, braćo, milosrđem Božjim, da prikažete tjelesa svoja za žrtvu živu, svetu, ugodnu Bogu; tako da vaša služba Božja bude duhovna."

Poslanica Rimljanima 12:1

1. Solomonovih tisuću žrtava paljenica i blagoslova

Solomon je došao na tron u dobi od 20 godina. Od mladosti prorok Natan ga je učio vjeri, Bog ga je volio i on je promatrao statute svojeg oca, kralja Davida. Nakon što je došao na tron, Solomon je prinio Bogu tisuću žrtava paljenica.

Prinijeti tisuću žrtava paljenica nije bio lak zadatak. Bilo je puno ograničenja što se tiče mjesta, vremena, sadržaja prinosa i metoda koje su se ticale prinosa u vrijeme Starog zavjeta. Nadalje, za razliku od običnih ljudi, kralj Solomon je trebao imati šire mjesto jer su njega pratili mnogi ljudi i trebalo je prinijeti još veći broj žrtava. U 2. Ljetopisu 1:2-3 piše, "Tada dozva Salomon k sebi sav narod Izraelov s tisućnicima i stotnicima, sa sucima i svim knezovima svega Izraela, s poglavarima obiteljskim. U pratnji sve zajednice narodne otide Salomon na visinu u Gibeonu. Tamo se je naime nalazio šator zavjeta Božjega, koji je Mojsije, sluga Gospodnji, bio načinio u pustinji." Solomon je otišao na Gibeon jer je tamo bio Božji šatora sastanka, kojeg je Mojsije sagradio u divljini.

Sa svim skupom, Solomon je otišao pred "GOSPODA do brončanog oltara koji je bio u šatoru sastanka" i ponudio Mu tisuću žrtava paljenica. Ranije je objašnjeno da je žrtva paljenica prinos Bogu aroma koja proizlazi iz paljenja životinjskog prinosa i to kao nudi život Bogu koji prikazuje potpunu žrtvu i odanost.

Te noći, Bog se pojavio u Solomonovom snu i pitao ga, "Išti, što da ti dadnem," (2. Ljetopis 1:7). Solomon je odgovorio,

"Ti si mojemu ocu Davidu iskazivao veliku naklonost i mene si učinio kraljem mjesto njega. Neka bi se sad ipak, Gospode i Bože, ispunilo tvoje obećanje, što si ga rekao mojemu ocu Davidu! Ti si me učinio kraljem nad narodom, koji je mnogobrojan kao prah na zemlji. Zato daj mi mudrost i uviđavnost, da vodim taj narod u svakom položaju, jer tko bi inače mogao vladati ovim tvojim mnogobrojnim narodom?" (U 2. Ljetopisu 1:8-10).

Solomon nije pitao za bogatstva, imućnost, slavu, život svojeg neprijatelja ili dug život. On je pitao samo za mudrost i znanje sa kojima će moći dobro vladati nad svojim ljudima. Bog je bio zadovoljan sa Solomonvim odgovorim i dao je kralju ne samo mudrost i znanje za koje je pitao nego također bogatstvo, imućnost i čast, a ništa od toga kralj nije tražio.

Bog je rekao Solomonu, "Zato neka ti se udijeli ta mudrost i uviđavnost! A dat ću ti i bogatstva, blaga i slave, kakve prije tebe nije imao niti jedan kralj, niti će poslije tebe imati" (s.12).

Kada mi ponudimo Bogu duhovnu službu na način koji Mu je ugodan, On će nama dati blagoslove tako da u svim stvarima mi možemo uspijevati i biti dobrog zdravlja dok naša duša uspijeva.

2. Od Doba Tabernakula do Doba Hrama

Nakon što je ujedinio svoje kraljevstvo i došla je stabilnost, samo je jedna stvar mučila srce kralja Davida, Solomonovog oca: Božji Hram još nije sagrađen. David je bio zaprepašten jer je Kovčeg Boga još uvijek bio između zavjesa šatora dok je on sjedio u palači napravljenoj od cedara i odlučio je napraviti hram. Ipak, Bog to nije dopustio, jer je David prolio previše krvi u bitkama i prema tome nije bio dostojan graditi sveti hram Boga.

Ali mi dođe riječ Gospodnja: "Mnogo si krvi prolio i velike si ratove vodio. Ne smiješ ti sagraditi hrama imenu mojemu, jer si mnogo krvi prolio na zemlju preda mnom" (1. Ljetopis 22:8).

Ali mi Bog reče: "Nećeš ti graditi kuće imenu mojemu; jer si ratnik i krv si prolijevao" (1. Ljetopis 28:3).

Dok kralj David nije mogao ispuniti svoj san o gradnji Hrama, u zahvalnosti on je ipak slušao Riječ Boga. On je također pripremio zlato, srebro, broncu, drago kamenje, cedar i sve potrebne materijale tako da slijedeći kralj, njegov sin Solomon, može graditi Hram.

U svojoj četvrtog godini na tronu, Solomon je obećao održati Božju volju i sagraditi Hram. On je započeo gradnju na gori Moriju u Jeruzalemu i završio je u sedam godina. Četiristo osamdeset godina nakon što su ljudi Izraela napustili Egipat,

Božji Hram je dovršen. Solomon je prenio Kovčeg Svjedočanstva (Kovčeg Zavjeta) i druge svete stvari u Hram. Kada su svećenici donijeli Kovčeg Svjedočanstva u Presveto, Božja slava je ispunila kući "svećenici nijesu mogli radi oblaka pristupiti, da vrše svoju službu, jer slava Gospodnja napuni hram Gospodnji" (1. Kraljevima 8:11). Tako je završilo Doba Tabernakula i počelo Doba Hrama.

U svojoj molitvi prinoseći Hram Bogu, Solomon Ga preklinje da On oprosti Svojim ljudima kada se oni okrenu prema Hramu u iskrenim molitvama čak i nakon što su ih nepogode pogodile zbog njihovih grijeha.

Čuj vapaj sluge svojega i naroda svojega Izraela, kadgod se mole na ovom mjestu! Usliši je na mjestu, gdje sjediš na prijestolju, u nebu, usliši je i oprosti (1. Kraljevima 8:30).

Kako je kralj Solomon dobro znao da je izgradnja Hrama udovoljila Boga i da je to blagoslov, on je zbog toga hrabro preklinjao Boga za svoje ljude. Nakon što je čuo kraljevu molitvu, Bog je odgovorio,

Uslišio sam molitvu tvoju i vapaj tvoj, što si mi ga upravio. Posvetio sam taj hram, što si mi ga sagradio. Zato će ime moje tamo vazda stanovati, i oči moje i srce moje tamo će uvijek boraviti (1. Kraljevima 9:3).

Prema tome, kada osoba danas služi Boga sa svim svojim srcem, umom i potpunom iskrenosti u svetom svetištu u kojem Bog boravi, Bog će se susresti s njom i odgovoriti na želje njenog srca.

3. Tjelesna služba i duhovna služba

Iz Biblije mi znamo da postoje tipovi službi koje Bog ne prihvaća. Ovisno o srcu sa kojim je služba prinesena, postoji duhovna služba koju Bog prihvaća i tjelesna služba koju On odbija.

Adam i Eva su istjerani iz Edenskog vrta zbog svojeg neposluha. U Postanku 4 mi čitamo o njihova dva sina. Njihov stariji sin Kain i mlađi sin Abel. Kada su odrasli, Kain i Abel su svaki dali prinos Bogu. Kain je bio ratar i dao, "od plodova poljski" (stih 3) dok je Abel prinio "od prvina stada svojega, i to komade sala" (stih 4). Bog je zauzvrat, "pogleda milostivo na Abela i žrtvu njegovu; a a Kaina i žrtvu njegovu ne pogleda"(stih 4-5).

Zašto Bog nije prihvatio Kainov prinos? U Poslanici Hebrejima 9:22 mi pronalazimo da prinos Bogu mora biti prinos krvi koji može oprostiti grijehe prema zakonu duhovnog svijeta. Iz tog razloga, životinje kao što su bikovi ili janjci su davani kao prinosi u vrijeme Starog zavjera, dok je Isus, Janje Boga, postao žrtva iskupljenja prolijevajući Svoju krv u vrijeme Novog zavjeta.

Poslanica Hebrejima 11:4 govori, "Vjerom prinese Abel Bogu

bolju žetvu nego Kain, i po njoj je dobio svjedočanstvo, da je pravedan, kad Bog posvjedoči za dare njegove, i po njoj on mrtav još govori." Drugim riječima, Bog prihvaća Abelov prinos jer je on dao Bogu prinos krvi prema Njegovoj volji, ali odbija Kainov prinos koji nije bio prema Njegovoj volji.

U Levitskom zakoniku 10:1-2 mi čitamo o Nadabu i Abihu koji su stavili, "metnuše oganj u njih i prinesoše tako Gospodu ognjenu žrtvu nepristojnu, koju im on nije bio zapovjedio" i posljedično su izgorjeli zbog toga, "Ali oganj izađe od Gospoda i izgori ih." Mi također čitamo u 1. Samuelovoj 13 kako se Bog odrekao kralja Saula nakon što je kralj počinio grijeh izvođenja dužnosti proroka Samuela. Prije bliske bitke sa Filistejcima, kralj Saul je napravio prinos Bogu kada se prorok Samuel nije pojavio određen broj dana. Kada se Samuel pojavio, prinos je napravio Saul, Saul je rekao izliku da je to morao nevoljko napraviti jer su ljudi bježali od njega. U odgovoru, Samuel je ponovno prišao Saulu, "Ponio si se budalasto" i on je rekao kralju da ga se Bog odrekao.

U Malahiji 1:6-10 Bog prekorava djecu Izraela jer ne daju Bogu najbolje što mogu, nego nude stvari koje su im beskorisne. Bog dodaje da On neće prihvatiti vrstu službe koja slijedi vjerske formalnosti ali manjka u srcu ljudi. U današnjim terminima, to znači da Bog neće prihvatiti tjelesnu vrstu službe.

Po Ivanu 4:23-24 govori nam da Bog s radosti prihvaća duhovnu službu koju Mu ljudi ponude u duhu i istini, te blagoslivlja ljude koji ostvare pravdu, milost i vjernost. Po Mateju 15:7-8 i 23:13-18 nama je rečeno da Isus oštro prekorava farizeje i pismoznance Svojeg vremena koji strogo poštuju tradiciju ljudi ali čija srca ne slave Boga u istini. Bog ne prihvaća službu koju čovjek nudi proizvoljno. Služba mora biti ponuđena prema principima koje je Bog uspostavio. Zbog toga se kršćanstvo jasno razlikuje od drugih religija čiji vjernici služe da bi utažili svoju potrebu za službom na način koji im je ugodan. U jednu ruku, tjelesna služba je beznačajna služba u kojoj osoba samo dolazi u svetište i sudjeluje u službi. U drugu ruku, duhovna služba je djelo obožavanja iz dubine srca i sudjelovanje u službi u duhu i istini sa Božjom djecom koja vole svojeg nebeskog Oca. Kao takvo, čak i ako dvoje ljudi služi u isto vrijeme i na istom mjestu, u ovisnosti o srcu svake osobe, Bog može prihvatiti službu jedne osobe dok odbije službu druge. Čak i ako osobe dođu u svetište i služe Boga, to neće biti korisno ako Bog kaže, "Ja ne prihvaćam tvoju službu."

4. Prikaži svoje tijelo za živu i svetu žrtvu

Ako je svrha našeg postojanja veličati Boga, ona služba mora biti fokus našeg života i mi moramo živjeti svaki trenutak sa stavom naše službe Njemu. Živa i sveta služba koju Bog prihvaća, služba u duhu i istini, nije ispunjena sa dolaskom na nedjeljnu službu jednom tjedno dok živimo proizvoljno prema osobnim željama i prohtjevima od ponedjeljka do subote. Mi smo pozvani služiti Bogu svo vrijeme i u svim mjestima. Odlazak u crkvu slaviti je produžetak života službe. Pošto je svaka služba koja je odvojena od života lažan služba, vjernikov život kao cjelina mora biti život duhovne službe koja se nudi Bogu. Mi ne smijemo samo ponuditi prekrasnu službu u svetištu prema ispravnim procedurama i značenjima, nego također moramo voditi sveti i čisti život slušajući sve Božje statute u našem svakodnevnom životu.

Poslanica Rimljanima 12:1 nam govori, "Zaklinjem vas dakle, braćo, milosrđem Božjim, da prikažete tjelesa svoja za žrtvu živu, svetu, ugodnu Bogu; tako da vaša služba Božja bude duhovna." Baš kao što je Isus spasio svo čovječanstvo prinoseći Svoje tijelo kao prinos, Bog želi da mi također prinesemo svoja tijela kao živu i svetu žrtvu.

Uz dodatak na vidljivu zgradu Hrama, pošto Duh Sveti, koji je jedno sa Bogom, boravi u našim srcima, svaki od nas također mora postati Hram Boga (1. poslanica Korinćanima 6:19-20). Mi se moramo obnoviti svaki dan u istini i čuvati se da bismo bili sveti. Kada Riječ, molitva i hvala obiluju u naši srcima i kada mi činimo sve u našim životima sa srcem slavljenja Boga, mi ćemo dati naša tijela kao živu i svetu žrtvu sa kojom je Bog zadovoljan.

Prije nego sam sreo Boga ja sam bio pogođen sa bolestima. Proveo sam mnoge dane u bespomoćnom očaju. Nakon što sam bio bolestan u krevetu sedam godina, ostavljen sa velikim troškom iz bolnice i troškovima lijekova. Ja sam bio siromašan. Ipak, sve se promijenio jednom kad sam susreo Boga. On me odmah ozdravio svih mojih bolesti i ja sam ponovno počeo svoj život. Zasut sa Njegovom milosti, ja sam počeo voljeti Boga iznad sveg ostalog. Na Gospodov dan, ja sam se probudio u zoru, okupao se i obukao čistu odjeću. Čak i ako sam nosio par čarapa samo na kratko subotom, ja nikad nisam nosio isti par u crkvu sutradan. Također sam obukao najčišću i najurederniju odjeću. To ne znači da vjernici moraju biti moderni u izvanjskom izgledu kada idu služiti. Ako vjernik stvarno vjeruje i voli Boga, prirodno je za njega činiti najveće pripreme prije dolaska pred Boga da bi Ga veličao. Čak i ako okolnosti osobe ne dopuštaju određenu odjeću, svatko može pripremiti odjeću i izgled najbolje što mogu.

Ja sam uvijek radio prinose sa novim novčanicama; kad god sam došao do nove, čiste novčanice, ostavio sam je sa strane za prinos. Čak i u hitnim slučajevima, ja nisam dirao novac koji sam stavio sa strane za prinose. Mi znamo da čak i u vrijeme Starog zavjeta, dok su postojali različiti nivoi u ovisnosti o okolnostima svake osobe, svaki vjernik je pripremao prinos kada je išao pred svećenika. O tome Bog nas je otvoreno uputio u Izlasku 34:20, "Pred lice moje ne smijete se pokazati praznih ruku."

Kao što sam naučio od duhovnog preporoditelja, ja sam uvijek pripremio prinos velik ili malen za svaku službu. Iako se vraćanje kamata na dug jedva mogao pokriti sa prihodima koji smo ja i moja žena zarađivali, nismo niti jednom škrtarili ili zažalili kada smo dali prinos. Kako mi možemo žaliti kada se naši prinosi koriste za spašavanje duša i za Božje kraljevstvo i ostvarivanje Njegove pravednosti?

Nakon što je vidio našu odanost, u vrijeme po Njegovom izboru, Bog nas je blagoslovio otplaćivanjem velikog duga. Ja sam se počeo moliti Bogu da će Me on pretvoriti u dobrog starješinu koji može dati financijsko olakšanje siromasima i paziti na siročad, udovice i bolesne. Ipak, Bog me je neočekivano pozvao da budem svećenik i vodio me do vođenja velike crkve koja spašava nebrojene duše. Iako ja nisam postao starješina, ja mogu davati olakšanje velikom broju ljudi i dobio sam Božju moć sa kojom mogu ozdravljivati bolesne, oboje je daleko veće od onog za što sam se molio.

5. "Dok Krist nije oblikovan u tebi"

Baš kao što roditelj voljno radu do najveće mjere u brizi za svoje dijete nakon što su ga rodili, mnogo truda, ustrajnosti i žrtve je potrebno u brizi i vođenju svake duše do istine. O tome apostol Pavao ispovijeda u Poslanici Galaćanima 4:19, "Dječice moja, koju opet s mukom rađam, dokle Kristovo obličje ne postane u vama!"

Kako ja znam srce Boga koje smatra jednu dušu vrjednijom

od svega u svemiru i želi da svi ljudi prime spasenje, ja također činim svaki trud da bih vodio tu zadnju dušu na put spasenja i u Novi Jeruzalem. Trudeći se donijeti nivo vjere do članova crkve, "u mjeru dobi punine Kristove" (Poslanica Efežanima 4:13) ja sam se molio i pripremao poruke svaki trenutak i šansu koju sam mogao naći. Dok je bilo vremena kada bih rado sjeo zajedno sa članovima crkve i radosno popričao, kao pastir imam odgovornosti za vođenje svojeg stada na pravi način, i ja sam prakticirao samokontrolu u svemu i izvršavao svoje Bogom dane dužnosti.

Postoje dvije želje koje imam za svakog vjernika. Prvo, želio bih jako puno da mnogi vjernici ne prime samo spasenje, nego borave u Novom Jeruzalemu, najsjajnijem mjestu na Nebu. Drugo, ja bih rado da svi vjernici pobjegnu od siromaštva i vode život pun uspjeha. Kako crkva prolazi kroz oživljenje i povećava se u broju ljudi, tako se i povećava broj ljudi kojima je potrebna financijska pomoć i pomoć u ozdravljenju. U svjetovnim terminima, nije lagan zadatak zapaziti i djelovati prema potrebama svakog člana crkve.

Ja osjećam najsnažnije breme kada vjernik počini grijeh. To je zbog toga što ja znam da kada vjernik griješi on povećava svoju udaljenost od Novog Jeruzalema. U ekstremnim slučajevima mi pronalazimo da on čak ne može primiti spasenje. Vjernik može primiti odgovore i duhovno i fizičko ozdravljenje samo kada sruši zid grijeha između Njega i Boga. Dok sam se držao za Boga u korist vjernika koji su griješili ja nisam mogao spavati, borio sam se protiv grčeva, prolijevao suze i gubio energiju u nevjerojatnim količinama proveo nebrojene sate i dane posteći i moleći se. Prihvaćajući te prinose bezbroj puta, Bog je pokazao Svoju milost ljudima, čak i nekima koji su prethodno bili nesposobni za spasenje, darujući im duh pokajanja tako da se oni mogu pokajati i primiti spasenje. Bog je također proširio vrata spasenja tako da nebrojeni ljudi oko svijeta mogu čuti evanđelje svetosti i prihvatiti manifestaciju Njegove moći.

Kad god vidim mnoge vjernike kako prekrasno rastu u vjeru, to je najveća nagrada za mene kao pastora. Na isti način je bezgrešni Gospod prinio Sam Sebe kao ugodnu aromu Bogu (Poslanica Efežanima 5:2), ja također hodam naprijed u svakom aspektu svojeg života kao živi i sveti prinos Bogu za Njegovo kraljevstvo i duše.

Kada djeca odaju poštovanje svojim roditelja na Majčin dan ili Očev dan ("Roditeljski dan" u Koreji) i pokazuju znakove zahvalnosti, roditelji ne mogu biti sretniji. Čak i ako ti znakovi zahvalnosti nisu po volji roditelja, roditelj je usprkos tomu zadovoljan jer su ti znakovi od njihove djece. Na sličan način, kada Mu Njegova djeca prinose službu koju su oni pripremili sa najvećim trudom u svojoj ljubavi za svojeg nebeskog Oca, On je radostan i blagoslivlja ih.

Naravno, nijedan vjernik ne bi trebao živjeti proizvoljno tijekom tjedna i onda pokazivati svoju odanost nedjeljom! Baš kao što nam Isus govori po Luki 10:27 svaki vjernik mora voljeti Boga sa svim svojim srcem, dušom, snagom, umom i ponuditi se kao živi i sveti prinos svaki dan svojeg života. Slaveći Boga u duhu i istini i prinoseći Mu ugodnu aromu svojeg srca, neka svaki čitatelj obilno uživa u svim blagoslovima koje je Bog pripremio za njega.

Autor
Dr. Jaerock Lee

Dr. Jaerock Lee je rođen u Muan, Jeonnam provinciji Republici Koreji u 1943. Dr. Jaerock Lee rođen je 1943. godine u Muanu u provinciji Jeonnam u Republici Koreji. U svojim dvadesetim godinama sedam je godina patio od niza neizlječivih bolesti te je čekao smrt bez ikakve nade u oporavak. Međutim, jednoga dana u proljeće 1974. godine njegova ga je sestra dovela u crkvu i kada je kleknuo da moli, živi Bog ga je trenutno iscijelio od svih bolesti.

Od tog trenutka, kada se susreo s živim Bogom kroz to predivno iskustvo, Dr. Lee je volio Boga svim svojim srcem te je 1978. godine pozvan da bude Božji sluga. Žarko je molio te proveo mnogo vremena u postu kako bi mogao jasno razumjeti Božju volju, u potpunosti je provesti i biti poslušan Riječi Božjoj. Godine 1982. Osnovao je Manmin Central Church u Seulu u kojoj su se od tada dogodila nebrojena čudesna ozdravljenja te druga čuda i znakovi.

Godine 1986. Dr. Lee je zaređen za pastora Annual Assembly of Jesus Church u Koreji, a četiri godine kasnije, njegove su propovijedi emitirane u Australiji, Rusiji i na Filipinima. Ubrzo je još mnogo zemalja dosegnuto putem Dalekoistočnu radiotelevizijsku kompaniju Azijsku radiotelevizijsku stanicu i Kršćanski radio sustav u Washingtonu.

Godine 1993., tri godine nakon prve prvog emitiranja, Manmin Central Church izabrana je među „50 najuspješnijih crkava na svijetu" prema odabiru časopisa Christian World Magazin (Kršćanski svijet) te je pastoru Leeju Christian Faith College s Floride u SAD-u dodijelio titulu počasnog doktora teologije. Godine 1996. na Kingsway Theological Seminary u Iowi u SAD-u Dr. Lee je primio doktorsku titulu iz područja kršćanskog služenja.

Od 1993. Dr. Lee je vodio evangelizacije u mnogim udaljenim mjestima kao što su: Tanzanija, Argentina, Los Angeles, Baltimore, Hawai, New York, Uganda, Japan, Pakistan, Kenija, Filipini, Honduras, Indija, Rusija, Njemačka, Peru, Demokratska Republika Kongo, Izrael i Estonija.

Poznate i visokotiražne novine u Koreji su ga 2002. prepoznale kao „svjetski priznatog propovjednika probuđenja" zbog njegove silne službe u mnogim zemljama. Posebno je istaknuta njegova evangelizacijska kampanja „New York Crusade 2006" održana u Madison Square Gardenu, jednoj od najpoznatijih svjetskih dvorana. Taj se događaj prenosio uživo u 220 zemalja. A u evangelizacijskoj kampanji „Israel United Crusade 2009" održanoj u Međunarodnom konferencijskom centru u Jeruzalemu hrabro je propovijedao Isusa kao Mesiju i Spasitelja.

Njegove se propovijedi emitiraju u 176 zemalja putem satelita, uključujući GCN TV te je 2009. i 2010. uvršten među deset najuspješnijih kršćanskih vođa prema izboru popularnog ruskog kršćanskog časopisa In Victory (U pobjedi) i novinske agencije Christian Telegraph zahvaljujući moćnom služenju kroz emitiranje propovijedi i pastoralnom služenju u dalekim zemljama.

Od svibnja 2013. Manmin Central Church broji više od 120 000 članova. Postoje 10 000 crkava kćeri diljem svijeta, uključujući 26 u Koreji. Više od 129 misionara poslano je u 23 zemlje uključujući Sjedinjenje Američke Države, Rusiju, Kanadu, Japan, Kinu, Francusku, Indiju, Keniju i mnoge druge.

Što se tiče njegove izdavačke djelatnosti, Dr. Lee je izdao 85 knjiga uključujući bestsellere: Tasting eternal Life Before Death (Okusiti vječni život prije smrti), My Life My Faith I&II (Moj život, moja vjera I&II), The Message of the Cross (Poruka križa), Heaven I&II (Nebo I&II), Hell (Pakao), Awaken, Izrael! (Probudi se, Izraele!) i Power of God (Božja sila). Njegova su djela prevedena na 75 jezika.

Njegove kršćanske kolumne pojavljuju se u novinama i časopisima: The Hankook Ilbo, The Joongang Daily, The Chosun Ilbo, The Dong- A Ilbo, The Munhwa Ilbo, The Seul Shinmun, The Kyungyang Shinmun, The Korean Economic Daily, The Koerea Herald, The Shisa News The Christian Press.

Dr. Lee je trenutno vođa mnogih misijskih organizacija i udruga. Njegove funkcije uključuju: predsjednik The United Holiness Church of Jesus Christ (Ujedninjene crkve svetosti Isusa Krista); predsjednik Manmin Word Mission (Organizacije za svjetsku misiju Manmin); doživotni predsjednik The World Christianity Revival Mission Association (Svjetsko misijsko udruženje za probuđenje unutar kršćanstva), osnivač i član odbora Global Christian Network – GCN (Globalne kršćanske mreže), osnivač i član odbora World Christian Doctors Network – WCDN (Svjetske mreže kršćanski liječnika) te osnivač i član odbora Manmin International Seminary – MIS, (Međunarodnog teološkog fakulteta Manmin).

Ostale moćne knjige istog autora

Raj I & II

Podrobna skica božanske životne okoline u kojoj uživaju stanovnici raja i prekrasan opis različitih razina nebeskog kraljevstva.

Poruka Križa

Moćna poruka razbuđivanja za sve ljude koji su u duhovnom snu! U ovoj ćete knjizi pronaći razlog zašto je Isus naš jedini Spasitelj i iskrenu Božju ljubav.

Pakao

Ozbiljna poruka cijelom čovječanstvu od Boga, koji ne želi da čak i jedna duša padne u dubine pakla! Otkrit ćete nikada prije objavljeni opis surove stvarnosti Hada i pakla.

Duh, Duša, i Tijelo I & II

Kroz duhovno razumijevanje duha, duše, i tijela, koje su komponente ljudi, čitatelji se mogu zagledati u sebe i dobiti uvid u sam život.

Mjera Vjere

Koja je vrsta boravišta, krune i nagrada pripravljena za tebe u raju? Ova ti knjiga donosi mudrost i vodstvo kako bi izmjerio svoju vjeru i kultivirao najbolju i najzreliju vjeru.

Probudi se, Izraele

Zašto je Bog uperio pogled u Izrael od početka svijeta do današnjega dana? Koja je vrsta Njegove providnosti pripravljena za Izrael posljednjih dana, koji iščekuje Mesiju?

Moj Život, Moja Vjera I & II

Najmirisnija duhovna aroma izvučena kao ekstrakt iz života koji je procvjetao neusporedivom ljubavlju za Boga usred tamnih valova, hladnoga jarma i najdubljeg očaja.

Božja Moć

Obvezno štivo koje služi kao neophodni vodič putem kojega se može zadobiti iskrena vjera i doživjeti čudesna Božja moć.

www.urimbooks.com

www.ingramcontent.com/pod-product-compliance
Lightning Source LLC
LaVergne TN
LVHW021826060526
838201LV00058B/3528